Enes Oğuzhan Ağca

Limancılık Eğitimlerinin Sektör İhtiyaçlarını Karşılayabilirliği

Enes Oğuzhan Ağca

Limancılık Eğitimlerinin Sektör İhtiyaçlarını Karşılayabilirliği

Türkiye Alim Kitapları

Impressum / Künye
Bibliografische Information der Deutschen Nationalbibliothek: Die Deutsche Nationalbibliothek verzeichnet diese Publikation in der Deutschen Nationalbibliografie; detaillierte bibliografische Daten sind im Internet über http://dnb.d-nb.de abrufbar.

Deutsche Nationalbibliothek tarafından yayınlanan bibliyografik bilgiler: Deutsche Nationalbibliothek, bu yayını Deutsche Nationalbibliografie'de listeler; detaylı bibliyografik bilgi İnternet'te http://dnb.d-nb.de sitesinde mevcuttur.

Coverbild / Kitap kapağı resmi: www.ingimage.com

Verlag / Yayıncı:
Türkiye Alim Kitapları
ist ein Imprint der / yayınevinin bir ticari markasıdır
OmniScriptum GmbH & Co. KG
Bahnhofstraße 28, 66111 Saarbrücken, Deutschland / Almanya
Email / E-posta: info@turkiye-alim-kitaplary.com

Herstellung: siehe letzte Seite /
Basım yeri: son sayfaya bakın
ISBN: 978-3-639-81297-8

İÇİNDEKİLER

SAYFA NO

ÖZET

TÜRKİYE'DEKİ LİMANCILIK EĞİTİMLERİNİN SEKTÖR İHTİYAÇLARINI KARŞILAYABİLİRLİĞİ VE BİR MODEL ÖNERİSİ

Türkiye'de denizcilik eğitimi 1800'lü yıllarda ilk olarak gemilere zabit yetiştirmek üzere başlamıştır. Başlangıçta uygulanan ders programlarında ağırlıklı olarak güverte dersleri yer almış; liman yönetimi ve operasyonlarına ilişkin dersler ise oldukça kısıtlı kalmıştır. Küreselleşme ile birlikte ticaretin artması neticesinde Türkiye'de dış ticaret taşımalarının yarısından fazlası denizyolu ile gerçekleştirilmeye başlanmıştır. Denizyolu taşımacılığının artması ile geleneksel olarak işletilen ve her türlü yüke hizmet veren limanlar, yerini belirli yük türlerine hizmet veren uzmanlaşmış limanlara bırakmıştır. 2000'li yıllarda küresel rekabetin hızla artmasıyla, limanlarda eğitimli ve iyi yetişmiş personel ihtiyacı daha çok hissedilmeye başlanmıştır. İşletmelerde eğitimli ve iyi yetişmiş personel, hizmet kalitesini olumlu yönde etkilemekte ve söz konusu etki liman işletmelerine rekabet avantajı sağlamaktadır. Günümüzde işletmeler faaliyetlerinde etkinlik ve verimlilik sağlamaya çalışmaktadır. Bir işletme faaliyetlerinde etkin ve verimli olabilmek için konusunda eğitimli personellere ihtiyaç duyar. Eğitimli ve iyi yetişmiş personel ihtiyacını karşılamak için üniversitelerde ders programlarına liman işletmeciliği ve yönetimi dersleri eklenmiş, deniz işletmeciliği ve yönetimi alanında eğitimler veren bölümler açılmıştır.

Limancılığın geleneksel kimlikten çıkıp modern tesisler olmaya başlaması, bilimsel bakış açısıyla olaylara yaklaşacak eğitimli personel ihtiyacı oldukça artmıştır. Ancak günümüz liman yöneticileri en büyük sıkıntılarının yetişmiş eğitimli personel bulunması olduğunu belirtmektedirler. Bu gözlem, çalışmadaki görüşme soruları içerisinde de sektör çalışanları tarafından desteklenmiştir. Bazı verimlilik ve etkinlik temelli çalışmalarda personelin etkileri incelenmiş olsa da yapılan incelemelerde sadece eğitim ve insan açısından bakış geliştirecek bir akademik çalışma ile karşılaşılmamıştır. Bununla birlikte sektörün eğitim ihtiyaçları hiçbir zaman incelenmemiş, sektör içerisinde personel bulmak ve eğitmek üzere sıkıntı yaşansa da bu konu üzerine bir akademik çalışma gerçekleştirilmemiştir. Ülkemizde insana ve eğitme verilen önemin eksikliği limancılık sektöründe de göze çarpmaktadır. Bahsi geçen sebepler, bu akademik çalışmanın yapılmasını sağlamış olup sektör profesyonellerinin ihtiyaçlarının akademisyenler ile buluşturulması amaçlanmıştır. Çalışmanın sektördeki eğitimli personel eksikliğine farklı bakış açıları da getirebilecek yeni çalışmalara ufuk açacağı beklenmektedir.

Tez çalışmasında nitel araştırma yöntemlerinden durum çalışması modeli kullanılmış olup, öncelikle liman işletmeleri ile ilgili üniversitelerdeki lisans ve önlisans programları değerlendirilecektir. Daha sonra söz konusu değerlendirme kapsamında, limancılığın son yıllardaki gelişimine bağlı olarak, sektörün eğitim ihtiyaçları incelenecektir ve bir eğitim modeli önerisi yapılacaktır.

Anahtar Kelimeler: Limancılık, limancılık eğitimi, liman yönetimi, lojistik

Tarih: 14.02.2015

SUMMARY

PORT EDUCATION AND ITS COMPETIBILITY TO SECTOR NEEDS: A MODAL PROPOSAL

Maritime education in Turkey started to educate officer to vessels in 1800s first. At the beginning deck courses had a place at syllabus, the courses including port management and operations had been restricted. Increasing of trade with the effect of globalization, more than half of international trade in Turkey was started to take place by maritime. The ports, being managed traditionally and served all type of goods, gave place the specialized ports that served for particular types of goods by increasing of maritime transportation. By increasing the global competitiveness rapidly in 2000s the needs of well-educated stuff started to rise. Well educated staff at enterprises effects to service quality positively and provides advantage of competiveness to ports. Nowadays enterprises try to provide effectiveness and productivity at their operations. An enterprise needs well educated stuff to be effective and productive at its operations. To provide the needs of well-educated stuff, port management courses were added to syllabus at universities, and maritime management departments was opened.

For the reason of ports being modern enterprises, the needs of well-educated stuff has scientific perspective was increased highly. However, for the view of port managers the biggest problem is to find well-educated stuff. This idea has been supported by the interview of sector professionals. Although the effect of stuff has been analyzed at efficiency and productivity works, academic studies including the sight of stuff education hasn't been experienced. However sector's education needs have never been studied, in spite of having trouble to find a stuff and to educate him for the sector, academic study has never been done for that issue. Lack of the importance, given to human being and his education in our country, has been conspicuous at the port sector. The reasons mentioned above lead to this academic study and it is aimed that sector professionals' needs are going to be realized by the academicians. It is hoped that this study to expand horizon to new studies be able to bring a different perspective on the lack of well-educated stuff.

Case study model, which is one of the models of the qualitative research methods, has been preferred, bachelor degree and associate degree programs at the universities related to ports will be primarily evaluated. Later on being in the scope of this evaluation, the educational needs of the port sector is going to be analyzed and an education model suggestion is going to be offered.

Keywords: Logistic, ports, port education, port management

Date : 14.02.2015

KISALTMALAR

5S	: Ayıklama (Seiri), Düzen (Seiton), Temizlik (Seiso), Standartlaştırma (Seiketsu), Disiplin (Shitsuke)
CRM	: Customer Relationship Management, Müşteri İlişkileri Yönetimi
C/P	: Charter Party, Navlun Sözleşmesi
DÖF	: Düzenleyici Önleyici Faaliyetler
IMDG	: International Maritime Dangerous Goods, Uluslar arası Denizcilik Tehlikeli Yükler
IMO	: Internatiolan Maritime Organization, Uluslararası Denizcilik Örgütü
ISG	: İş Sağlığı ve Güvenliği
ISPS	: International Ship and Port Security, Uluslararası Gemi ve Liman Güvenliği
ISM	: International Safety Management, Uluslararası Güvenli Yönetim
LSD	: Lashing/Securing/Dunnaging, Bağlama, Güvene alma, Takozlama
MARPOL	: Maritime Polution, Deniz kirliliği
NOR	: Notice of Readiness, Hazırlık Mektubu
RF	: Radio Frequency, Radyo Frekansı
Ro-ro	: Roll on-roll off
SOF	: Statement of Facts, Zaman Çizelgesi

SOLAS	: Safety of Life at Sea, Denizde Can Güvenliği
TCDD	: Türkiye Cumhuriyeti Devlet Demiryolları
TMMOB	: Türkiye Makine Mühendisleri Odaları Birliği
UDHB	: Ulaştırma Denizcilik ve Haberleşme Bakanlığı
VOC	: Voice of Customer, Müşterinin Sesi

TABLO LİSTESİ

SAYFA NO

BÖLÜM 1 GİRİŞ

İnsanoğlunu diğer yaratılmışlardan ayıran en önemli farklılık akıldır ve akıl eğitim ile parlayan bir cevherdir. Bu sebepledir ki eğitim tarihi, insanlık tarihi ile aynı yaştadır (Ereş, 2007). İlk insandan günümüze yöntemler değişse de eğitimin varlığı ve önemi hiç değişmemiştir. İlk çağlarda temel bilimler üzerine geniş ama yüzeysel başlayan eğitim yolculuğu, günümüzde teknolojinin de gelişmesine paralel olarak daha dar ama derin bir eğitim anlayışına dönüşmüştür. Bu kapsamda günümüzde belirli bir konuda derin bir bilgi sahibi olan uzmanlar yetiştirmeye yönelik eğitim programları ve bölümleri oluşturulmuştur. Bu çalışmada söz konusu uzmanlık alanlarından önemli bir tanesi olan limancılık ile ilgili üniversitelerdeki lisans düzeyindeki program içeriklerinin sektörün ihtiyaçlarını karşılayabilirliği ile verilen mesleki eğitimin liman gelişimine etkileri incelenecektir.

Sektör çalışanlarının yetişmiş personel bulmakta zorluk çektiklerini ve işe yeni başlayan personellere eğitmek zorunda kaldıklarını belirtmektedirler. Limanlarda etkinlik ver verimliliğe en önemli gidilerden biri olan insan kaynaklarının günümüz limanlarını daha ileriye taşımaları için daha iyi eğitim almaları gerekmektedir. Bu çalışmanın yapılmasındaki temel sebep liman çalışanlarının sektör ihtiyaçları doğrultusunda eğitilmesine ve yetiştirilmesine katkı sağlamaktır ve çalışmanın bu konuda benzer çalışmaların yapılmasına öncülük yapması beklenmektedir.

Çalışma kapsamında nitel bir araştırma yöntemi olan durum çalışması deseni kullanılmıştır. Limancılık üzerine eğitim veren üniversitelerdeki dersler doküman analizi yöntemi ile ve limancılık sektöründeki fonksiyonel yapılar gözlem yöntemi ile incelenmiştir. Yapılan inceleme sonucunda dersler ile fonksiyonlar eşleştirilmiş ve sektör çalışanları ile yapılan görüşmelerin sonuçlarından da faydalanarak limancılık eğitimlerinin yeterlilik ve eksikleri kategorik birleştirme yöntemi ile tespit edilmiştir. Tespitler neticesinde yeni bir eğitim modeli önerisinde bulunulmuştur.

BÖLÜM 2 LİMANCILIK VE EĞİTİM KAVRAMLARI İLE İLGİLİ GENEL BİLGİLER

2.1 LİMANCILIK

2.1.1 Limanın Tanımı

İnsanoğlunun kavimler halinde dünya üzerine dağılması üzerine bu kavimlerin ticari ve kültürel değişimleri de başlamıştır. Bahsedilmiş olunan bu ticari değişim ihtiyacı neticesinde ticaret kavramı ortaya çıkmış ve buna paralel olarak günümüzde ulaştırma veya lojistik dediğimiz kavramları doğurmuştur.

Bir yerden başka bir yere ulaştırılmak istenen yüklerin belirli hacimlerde taşınması ancak belirli araçlar ve teknikler ile mümkün olmuştur. Gemilerin ve limanların keşfi de bahsetmiş olduğumuz ihtiyaçlar üzerine gerçekleşmiştir.

Tarih boyunca insanoğlu doğa ile uyumlu şekilde (kimi zaman doğaya meydan okuyarak ki, bu meydan okumalar çoğunlukla hüsran ile sonuçlanmıştır) gemi ve kıyı tesislerini geliştirerek günümüzdeki hale getirmişlerdir. Her geçen gün de küreselleşmenin artması ile gemi ve bu gemileri elleçleyebilecek limanların gelişimi devam etmektedir.

Bu değişimler gemi ve liman tanımlarını da sürekli olarak değiştirmektedir. Literatürde mevcut olan bazı liman tanımları aşağıdaki şekilde sıralanmıştır.

Liman, içinde yüklerin gemilere yüklendiği ve/veya gemilerden boşaltıldığı, gemilerin sıralarını beklediği ya da beklemelerin istendiği veya beklemek zorunda bırakıldığı yerleri de içine alan bir terminal ya da saha olarak ta tanımlanabilmekte ve diğer ulaştırma biçimlerine yönelik olanaklara da sahip olup, bu özelliği ile ulaştırma modları arasında bütünleşmeyi de sağlamaktadır (Branch, 1986).

Limanlar, gemilerin yanaştığı ve demirlediği, yüklerin gemiden karaya, karadan gemiye transferi için gerekli ekipmanlara sahip alanlardır (Alderton, 1995).

Limanlar rıhtım veya iskelelerine gemilerin, deniz taşıma araçlarının yanaşıp bağlayabileceği veya su alanlarına demirleyebileceği imkanları kapsayan, tekneden kıyıya, tekneden tekneye, kıyıdan tekneye yük veya insan nakli, teknelerin bağlanıp kaldırılması ya da demirlemesi eşyanın karada ve denizde teslimine kadar muhafazası için tesisleri ve imkanları bulunan sınırlandırılmış kara ve deniz alanlarıdır (Altunçubuk, 2000).

Ulaştırma zincirinde çok sayıda faaliyetin yerine getirilmesinde düğüm noktasını oluşturan limanlar; yükleme/boşaltma, römorkaj, depolama gibi temel işlevlerinin yanında yükletenler, ihracatçılar, ithalatçılar, lojistik şirketleriyle devlet otoriteleri, bankalar, sigorta şirketleri gibi birçok sayıda örgüt ya da kişilerle ilişki içerisindedirler. Bu özelliğiyle limanlar, yüklerin aktarılmasının yanı sıra birçok ticari ve yasal işlemlerin koordinasyonunu da sağlayarak ülke ekonomisine önemli katkılar sağlamaktadırlar. Limanların mikro ve makro açılardan çok farklı önemli fonksiyonları bulunmaktadır. Ulusal ve uluslararası pazarlama fonksiyonlarının yerine getirilmesinde bu fonksiyonların etkin ve ekonomik olarak gerçekleştirilmesi gerekmektedir (Esmer, 2010).

Yukarıda kronolojik olarak sıralanmış tanımlardan da anlaşılacağı üzere 80'lerde limanların sadece gemilerin barındığı ve elleçleme yapıldığı yerler olarak tanımlanmıştır. 90'lara gelindiğinde bu tanım içine ekipmanların önemi de eklenmiş, 2000 yıllara gelindiğinde ise terminal sahalarındaki operasyonlara ve bu sahalarda eşyaların muhafazasına da vurgu yapılmıştır. 2010 yılına geldiğimizde ise limanlar gerçekleştirdikleri operasyonlar haricinde ulusal ve uluslararası arenada bulunduğu bölgenin ekonomik bir gücü olarak tanımlanmaktadır.

Bütün bu tanımlar ışığında günümüzde limanları kısaca şu şekilde tanımlayabiliriz.

Limanlar denizyolu taşımacılığını diğer taşımacılık modlarına dönüştüren ve bu dönüşümü ekipman ve personel yardımıyla gerçekleştiren, bulunduğu bölge ve ülkelerin ekonomik can damarlarıdır. Bölgenin gelişimi için kendini geliştirmek ve ilerletmek zorunda olan limanlar bu gelişimi ancak kaliteli ekipman ve bu ekipmanları sevk ve idare edecek kalifiye iş gücü ile gerçekleştirebileceklerdir.

2.1.2 Limancılığın tarihsel gelişimi

Limanlar önceleri klasik yapıdaydı. Gemiler de bölgedeki bütün yük türlerini taşıyabilecek biçimde yapılırdı (kırkambar tipi gemiler); limanlar da değişik yük türlerini (parça yük, dökme yük, sıvı yük vb.) aynı gemiye yüklerdi. Bu sebeple gemiler taşıma hattının genel gereksinimi için düşünülmüştü. Daha sonraları bu anlayış değişerek her çeşit yükü aynı gemiyle taşımanın maliyetli olduğu anlaşılınca gemiler, taşımada ekonomi sağlayabilmek için, yüke ayak uydurur oldular. Sonuçta da, çok çeşit yük için yapılır olma özelliğini yitirip tek çeşit ya da birkaç çeşit (kombine) yük taşımasına uyarlandılar. Bu şekilde de, gemilerin sefer süreleri düşüp, limanların elleçleme hızı yükselmiştir (Akten ve Albayrak, 1988).

Genel olarak limanların tarihsel gelişimi verdikleri hizmet açısından dört fazda incelenmektedir.

1- Birinci Kuşak Limanlar (1960 yılından önce): Limanların sadece gemilerin yükleme ve boşaltma yaptıkları yer olarak tanımladığı dönemler.

2- İkinci Kuşak Limanlar (1960-1980 yılları arasındaki limanlar): Limanların endüstri ve ticaret merkezi olarak tarif edildiği dönemlerdir. Bu dönemde limanların çevresinde endüstri tesisleri veya endüstri bölgelerine hizmet edecek limanlar inşa edilmiştir.

3- Üçüncü Kuşak Limanlar (1980 – 2000 yılları arasındaki limanlar): Birinci ve ikinci kuşak limanlardaki hizmetlere ilave olarak küreselleşme neticesinden intermodal taşımacılığın merkezi hale gelen, dağıtım, depolama gibi faaliyetler için içerisinde yapılar barındıran limanlardır.

4- Dördüncü Kuşak Limanlar (2000 sonrası): Belirli bir yük türünde uzmanlaşmış, yüklerin şekil değiştirebildiği, elleçleme akışının kesintisiz sağlandığı, katma değerli hizmetlerin verildiği, müşteri memnuniyetine, hizmet kalitesine ve eğitimli iş gücüne odaklanan, esnek ve çevik limanlardır.

Limanların tarih boyunca yapılan tanımlarının değişimini ve verdikleri hizmet açısından yapılan ayrımlar incelendiğinde günümüz limanlarında insan gücünün azaldığını, IT tabanlı hizmet üretiminin arttığını ve hizmet kalitesinin yükseldiği anlaşılmaktadır. Limanlardaki yüksek hizmet kalitesi üretme ihtiyacı ve bilişim altyapılarının artması eğitimli personel ihtiyacını her geçen gün daha da artmaktadır.

2.1.3 Limanlar ve Limanlarda Etkinlik ile Verimlilik

Taşımacılık modları içerisinde miktar olarak en büyük paya sahip olan deniz yolu taşımacılığıdır (Untctad, 2009). Limanlar da deniz ulaşımının başlayıp sonlandığı, ya da taşıma hizmeti sırasında bir taşıma modunun şekil değiştirdiği noktalar olarak tanımlanabilir (Akten, 1992). Bu sebeple limanlar da yaşanan herhangi bir olumlu ya da olumsuz etki tedarik zinciri ağının tümünü etkilemektedir (Çağlar, 2012).

Her işletme gibi limanlarda kaynaklarını etkin ve verimli kullanabilmek adına kendilerini geliştirmek zorundadırlar (Çağlar, 2012). Verimlilik, üretimde kullanılan çıktıların; aynı zaman dilimi içinde üretimde kullanılan girdilere oranıdır (Yücel, 1997). Etkinlik ise belli bir üretim faktörünün en uygun kullanımı ile en iyi ürün elde edilmesi olarak tanımlanmaktadır (Kohler, 1986).

2.1.4 Limanların İnsan Kaynaklarının Önemi

1950'lerin başından itibaren işletmeler sürekli olarak karlarını arttırma baskısı altına girmişlerdir. Bu sebeple 1990'lara gelindiğinde işletmelerde istikrarsız pazarlama politikaları oluşmuştur. Günümüzde ise işletmeler kar oranlarını korumak ve arttırmak adına maliyetlerini minimize etme çalışmaları yürütmektedirler. Ekonomik alanda yaşanan bu değişim lojistiğin ve lojistik faaliyetlerinin önemli bir parçası olan limancılığın profesyonelleşmesine yol açmıştır (Keskin, 2006). Profesyonelleşme ise verilen hizmetlerin kalitesine olumlu olarak yansımıştır. Genel olarak verilen hizmetin iki ana faktörü vardır. Bunlardan biri araç ve gereçler diğer ise insanlardır. Hizmet verilirken kullanılan araç ve gereçlerin kalitesi yüksek olsa bile hizmet veren kişilerin yeterliliği düşükse hizmetin müşteri üzerinde bıraktığı imaj kötüdür ve tatminsizlik yaratır (Karahan, 2006).

İşletmelerde hizmet veren kişilerin oluşturduğu insan kaynağı etkinliği ve verimliliği etkileyen temel faktörlerden biridir. Etkinlik ve verimlilik çalışmalarının temel kaynağı yine o işletme içerisindeki çalışan personellerdir. Çalışanların motivasyonu, becerileri, bilgisi, davranış ve yetenekleri işletmedeki verimlilik ve etkinliği etkileyen unsurlardır (Çağlar, 2012). İyi eğitimli, dikkatle seçilmiş ve yeterli ücretle çalışan kaliteli bir personel her zaman daha iyi hizmet verecektir. Bunun bir sonucu olarak ta müşteri memnuniyeti ve bağlılığı artacak, diğer potansiyel müşteriler için de iyi yönde bir tanıtım olacaktır (Schiesinger ve Haskett, 1991). Hizmet sektöründe çalışan personel çıktı olarak sunulan hizmetin ana kaynaklarıdır. Bu sebeple müşteriler hizmet işletmesinin personelleri ile çokça karşı karşıya kalmaktadırlar. Dolayısıyla müşterilerde işletme hakkında iyi bir izlenim bırakabilmek için her bir hizmet personeline büyük önem vermelidir (Öztürk, 1998).

Limanların etkin ve verimli çalışmasının şartlarından biri de yetişmiş insan gücüdür (Esmer ve Oral, 2012). Limanların kendine has hizmet çeşitleri ve operasyonel süreçleri sebebi ile bu sektörde istihdam edilecek kişilerin bir eğitim sürecinden geçmesi gerekmektedir. Limanlarda yapılan tüm işlemlerin birbirileriyle doğrudan bağlı olması sebebi ile bir personelin gecikmesi tüm hizmet sunumunu yavaşlatmaktadır. Limanlarda hizmet üretimi çoğunlukla personelin ekipman kullanımı ve yazılımlar üzerinden gerçekleştirildiği için çalışan personellerin mutlaka eğitimli olması gerekmektedir. Liman çalışanları yük ve gemi ile ilgili herkesle bire bir temas halinde olduklarından dolayı; üretilen hizmet kalitesi liman çalışanlarının kalite ve eğitimine doğrudan bağlıdır (Esmer, 2011).

5'li likert ölçeğine[1] göre etkinlik ve verimliliği etkileyen sayısallaştırılamayan faktörler ile ilgili liman yöneticileri arasında yapılan anket çalışmasında çalışanlar ile ilgili olan bulgular aşağıdaki gibidir (Çağlar, 2012).

İfade 8 – Vardiyalar arasında elleçleme hacmi arasından verim farkı bulunmaktadır. Ortalama 4,79 / 5,00 – Standart Sapma 0,43

İfade 13 – Operasyonel organizasyon yapısı (şeması) liman verimliliğini etkilemektedir Ortalama 4,80 / 5,00 – Standart Sapma 0,41

İfade 14 – Karar alma süreci liman faaliyetlerini etkilemektedir. Ortalama 4,79 / 5,00 – Standart Sapma 0,43

İfade 16 – İşgücü eğitiminin yeterli olmaması liman faaliyetlerini olumsuz yönde etkilemektedir Ortalama 4,40 / 5,00 – Standart Sapma 0,43 (Çağlar, 2012)

Bu ifadeler bizlere insan kaynaklarının, bir hizmet işletmesi olan limanlarda etkinlik ve verimlilik üzerinden ne kadar önemli bir etkisi olduğunu açıkça göstermektedir.

---

[1] Rensis Likert tarafından bulunan bu ölçekte deneğe çeşitli ifadeler ve yargılar sunularak, bu ifade ve yargılara katılıp katılmadıkları sorulur. Genellikle 3'lü, 5'li, 7'li Likert ölçekleri kullanılmaktadır. 3'lü Likert ölçeği için en belirgin örnek şu şekilde verilebilir: 1-Kesinlikle katılıyorum, 2- Katılıyorum, 3- Katılmıyorum.

Modern ekipmanların kullanımı, daha hızlı elleçleme ve teknolojik gelişmeler sonucunda liman operasyonlarında etkinlik artmıştır. Etkinliğin artması ve yeni teknolojilerin kullanımı ise limanlarda kalifiye iş gücünün önemini ortaya çıkarmıştır. Bununla birlikte ve limanların özelleştirilmesiyle işletmelerin daha verimli ve karlı hale getirilebilmesi için kalifiye personele olan ihtiyaç artmıştır (Çetin, 2012).

Dr. Çimen KARATAŞ ÇETİN tarafından hazırlanan ve Türkiye'den 51 limanın katıldığı "Limanlardaki Değişimlerin İçsel ve Dışsal Belirleyicileri Anketi'nde" limanları değişime yönelmesine etkileyen 33 faktör değerlendirilmiştir. Anket çalışması 1: Önemsiz – 7:Önemli olmak üzere 7'li aralıklı ölçekte gerçekleştirilmiştir. Bu çalışmaya göre iş gücü kalitesi ve liman çalışanlarının memnuniyeti değişkenleri sırayla 6,1765 ve 6,0784 puanlarını almış ve insan kaynaklarının limanların değişimindeki öneminin yadsınamaz olduğu anlaşılmıştır. Bununla birlikte bir diğer ankette limanlardaki insan kaynakları ile ilgili değişimin gerçekleştirilmesi gereken en önemli konunun "nitelikli ve eğitimli işgücüne yatırım yapılması" olduğu sonucu çıkmıştır (Çetin, 2012).

2013 yılında gerçekleşen 11. Ulaştırma Denizcilik ve Haberleşme Şurası "Denizcilik Çalışma Grubu Raporu'na" göre limanlarımızda istekli personel bulunması ile Avrupa limanlarındaki istihdam yapısına göre ucuz iş gücüne sahip olmamız limanlarımızın insan kaynakları konusundaki güçlü yönlerini oluşturmaktadır. Liman operasyon elemanlarının yeterli iş eğitimini almamış olması ile kalifiye olmaması, ara eleman temininde yaşanan zorluklar ve limanlarımızın bir kısmında çalışma koşullarının iyi olmaması ise limanlarımızın insan kaynakları konusundaki zayıf yönleri olarak tespit edilmiştir (UDHB, 2013).

2.2 Liman işletmelerindeki fonksiyonel yapılar

Bu bölümde limanlarda bulunan fonksiyonel yapıların incelenmesi amaçlanmıştır. Günümüz limanlarındaki organizasyonel yapılar incelediğinde; muhasebe, insan kaynakları, idari işler gibi her işletmede bulunan destek birimler haricinde liman işletmelerine özel departmanları aşağıdaki gibi ayrıldığı görülmektedir. Bu ayrım yapılırken "Liman İşletme" olarak belirtilen fonksiyonel yapı her departmanın bilmesi gereken genel bilgileri içeren bir departman olarak özellikle ayrı ele alınmıştır. Bunun haricinde satış ve iş güvenliği birimini de aslında her işletmede bulunan bir birim olmamasına rağmen fonksiyonlar arasına alınmıştır. Bundaki en önemli sebep liman işletmelerindeki satış ve iş güvenliği kavramının diğer işletmelerden ve hizmet pazarlamalarından farklı olmasıdır. Bu bilgiler ışığında dokuz fonksiyonel yapı ve yaptıkları işler aşağıda belirtilmiştir (Ağca ve Köseoğlu, 2013).

Fonksiyonların kısa tanımları yapılırken belirtilmemek ile beraber listelenmiş olan fonksiyonların çalışanları operasyonları gerçekleştirmeleri esnasında müşteri, acente, personel, yönetim, resmi kurumlar, taşeron ve buna benzer birçok paydaşları yönetmeleri gerekmektedir. Bununla birlikte ekip ve ekipmanların verimliliğinin ile etkinliğinin en üst seviyelerde tutulması için gerekli planlamaların sürekli olarak yapması da söz konusu fonksiyonların çalışanlarının asli görevleri arasındadır.

2.2.1 Liman İşletme Fonksiyonu

Bu fonksiyon yukarıda da bahsedildiği üzere bütün birimlerce bilinmesi gereken ortak bilgileri (dersleri) eşleştirebilmek adına oluşturulmuştur. Bu kapsamda aşağıda verilen görev ve sorumluluklar tüm departmanlarda çalışan personellerin pozisyonlarına göre değişiklik gösterecek şekilde ortaktır.

Ekibin görev tanımlarını oluşturmak, eğitim ihtiyaçlarını belirlemek. Eğitim vermek/verilmesini sağlamak, çalışanların niteliklerine uygun işlerde görevlendirmelerini sağlamak, vardiya çizelgesinin oluşturmak, çalışanların performanslarını değerlendirmek, personelin işe alım, çıkarım, terfi ve disiplin işlemlerine katkı vermek yıllık izin planlaması yapmak/yapılmasını sağlamak. Mesleki gelişim uygulamalarını desteklemek.

Alanı ile ilgili mevzuat değişikliklerini takip etmek, kıyaslama çalışmalarını desteklemek ve katılmak.

Yasal mevzuatlar kapsamında emniyetli ve düzenli çalışma ortamı sağlamak, gerekli kaynakları (insan, ekipman, zaman vs.) ayırmak.

Müşteri memnuniyeti sağlamak amacıyla gerekli çalışmaları yürütmek. Müşteri geri bildirimlerini kayıt altına almak. Müşteri geri bildirimlerinin değerlendirilmesini ve kalıcı çözümlerin sunulması için müşteri hizmetleri ile ortak çalışmalarda bulunmak, tespit edilen uygulamaların hayata geçirilmesini sağlamak.

Sürekli gelişme ve iyileştirme faaliyetleri için tüm iş süreç ve talimatlarını gözden geçirmek dönemsel olarak ilgili birimlere raporlamak.

Operasyon sürecinde taşeronlarla ilgili işleri yürütmek (Sözleşmelerin hazırlanmasına katkı vermek, taşeron seçiminde önerilerde bulunmak, taşeronlara operasyon süreçleri ile ilgili bilgi vermek, taşeron hizmetlerinin sözleşme hükümlerine uygun olarak gerçekleşmesini sağlamak, hak edişleri düzenlemek, kesilen faturaları kontrol etmek, taşeron ile ilgili şikayet ve talepleri almak, ilgililere bildirmek, taşeron personelinin eğitim ihtiyaçlarını belirlemek.)

Operasyon esnasında elleçlenen emtiada oluşan hasarlar ile sorumluluk sahalarına hasarlı olarak gelen malların tutanaklarının tutulmasını, resimlerinin çekilmesinin sağlamak ve bu konuların ilgili firmalarına ve ilgili birimlere gerekli bilgileri günlük raporlamak ve tekrarlanmaması için gereken önlemleri almak ve uygulanmasını sağlamak.

2.2.2 Genel Kargo ve Dökme Yük Operasyonları Fonksiyonu

Genel kargo ve dökme yüklerin tahliye ve yüklemesi, sahada veya depolarda istiflenmesi ve muhafaza edilmesi ile ilgili her türlü operasyonları kapsamaktadır. Bu fonksiyon içerisinde gerçekleştirilen operasyonlar ile ilgili detay bilgiler aşağıdaki gibidir.

Bu fonksiyonda çalışan personeller bulundukları pozisyonlara göre değişiklik gösterecek şekilde, sorumluluk sahalarındaki genel kargo ve dökme yük operasyonlarının yasalara ve şirket politika ve kurallarına uygun şekilde yürütülmesi, süreç içerisinde tutulması gereken kayıtların usulüne uygun olarak tutulması, muhafaza edilmesi ve kontrol edilmesi, raporlanması, bütçe değerlerinin ve maliyetlerin takibinin yapılması, süreçlerin iyileştirilmesi ve ilgili ekibi yönetilmesinden sorumludurlar.

Sahanın durumunu rutin olarak takip etmek, yük sahibinden yükleme ve tahliyeler ile ilgili bilgileri almak, saha durum analizi yaparak yükün özelliğine, niteliğine ve alıcısına göre istif, depolama yerlerini, koşullarını ve yöntemlerini belirlemek. Belirlenen yerin uygun koşullarda hazırlanmasını sağlamak.

Diğer operasyon birimleri ile birlikte günlük iş planlama toplantılarına katılmak. Operasyon planlama toplantılarında ilgili bilgileri ve planlamaları sunmak, iş emirleri oluşturmak, sahanın durumuna ve değişen taleplere göre planı ve iş emirlerini revize etmek. Operasyonun durumuna göre ekip ve ekipmanı belirlemek. Gerekli ise ekipman ve ekip talebinde bulunmak. Ekipman ve ekiplerin verimli çalışacak şekilde koordinasyonunu sağlamak.

Genel Kargo Operasyonlarını plan doğrultusunda tam, zamanında, hasarsız ve verimli olacak şekilde gerçekleştirilmesini sağlamak ve raporlamak.

Genel Kargo Operasyonlarının güvenlik ve emniyet kurallarına uygun bir şekilde gerçekleştirilmesi için gereken tedbirleri almak/alınmasını sağlamak, takip etmek, tespit edilen problem ve eksiklikleri ilgili birimlere önerilerde bulunmak.

Genel Kargo operasyon sahalarının ilgili dönemlerde sayımlarını yaptırmak ve sayım sonuçlarını sistem üzerinden denetlemek ve ilgili birimlere rapor etmek.

Bakım zamanı gelen ekipmanın operasyonun durumuna göre bakım-onarım yapılmasını sağlamak.

Sahaya giren ve çıkan araçların organizasyonunun, kontrolünün ve trafiğinin düzenli olması için gereken tedbirlerin alınmasını sağlamak ve takip etmek.

Sahalarına alınacak malların özellikleriyle ve bu malların müşteri anlaşmalarına ve kanunlara uygun şekilde depolanmasını, muhafaza edilmesini ve korunmasını sağlamak.

Operasyon maliyetlendirme ve satın alma çalışmalarına iştirak etmek, bütçe fiili durum değerlendirmesi yapmak. Genel kargo ve dökme yük operasyonlarının maliyetlerini, verimliliklerini kontrol etmek, gerektiğinde aksiyon almak ve raporlamak.

2.2.3 Konteyner Operasyonları Fonksiyonu

Konteynerize olmuş yüklerin tahliye ve yüklemesi, sahada veya depolarda istiflenmesi ve muhafaza edilmesi ile ilgili her türlü operasyonları kapsamaktadır. Bu fonksiyon içerisinde gerçekleştirilen operasyonlar ile ilgili detay bilgiler aşağıdaki gibidir.

Sorumluluk sahalarındaki konteyner sürecinin yasalara ve işletme politika ve kurallarına uygun şekilde yürütülmesini, süreç içerisinde tutulması gereken kayıtların usulüne uygun olarak tutulması, muhafaza ve kontrol edilmesi, raporlanması, bütçe değerlerinin ve maliyetlerin takibinin yapılması, süreçlerin iyileştirilmesi ve ilgili ekibi yönetilmesi bu fonksiyonun temel görevleridir.

Fonksiyon da çalışacak personellerin bulundukları pozisyona göre detay görevleri sıralamak gerekirse ise bunlar şu şekildedir:

Sahanın durumunu rutin olarak takip etmek, yük sahibinden yükleme ve tahliyeler ile ilgili bilgileri almak, saha durum analizi yaparak yükün özelliğine, niteliğine ve alıcısına göre istif, depolama yerlerini, koşullarını ve yöntemlerini belirlemek. Belirlenen yerin uygun koşullarda hazırlanmasını sağlamak.

Günlük iş planlaması yapmak. Operasyonun durumuna göre ekip ve ekipmanı belirlemek. Gerekli ise ekipman ve ekip talebinde bulunmak. Ekipman ve ekiplerin verimli çalışacak şekilde koordinasyonunu sağlamak.

Bakım zamanı gelen ekipmanın operasyonun durumuna göre bakım-onarım yapılmasını sağlamak.

Operasyonun plan doğrultusunda tam, zamanında, hasarsız ve verimli olacak şekilde gerçekleştirmek. Operasyonlarının güvenlik ve emniyet kurallarına uygun bir şekilde gerçekleştirilmesi için gereken tedbirleri almak, takip etmek, tespit edilen problem ve eksiklikleri ilgili birimlere bildirmek ve gerekli aksiyonları almak.

Sahaya giren ve çıkan araçların organizasyon, kontrolünün ve trafiğinin düzenli olması için gereken tedbirleri almak, takip etmek.

Sahalarına alınacak malların özellikleriyle ve bu malların müşteri anlaşmalarına ve kanunlara uygun şekilde depolanmasını, muhafaza edilmesini ve korunmasını sağlamak. Konteyner otomasyon program uygulamalarının geliştirilmesi ve saha uygulamalarının yapılmasını sağlamak.

Operasyon maliyetlendirme ve satın alma çalışmalarına iştirak etmek. Konteyner operasyon maliyetlerini, operasyon verimliliklerini kontrol etmek ve iş hedefleri doğrultusunda iyileştirmek ve raporlamak.

2.2.4 Ro-Ro Operasyonları Fonksiyonu

Ro-Ro gemilerine yüklenecek olan mobilize yüklerin tahliye ve yüklemesi, sahada veya depolarda istiflenmesi ve muhafaza edilmesi ile ilgili her türlü operasyonları kapsamaktadır. Bu fonksiyon ile ilgili detay görevler aşağıdaki gibidir.

Ro-Ro Operasyon sürecinin yasalara ve işletme politika ve kurallarına uygun şekilde yürütülmesini, süreç içerisinde tutulması gereken kayıtların usulüne uygun olarak tutulmasını sağlamak, muhafaza ve kontrol etmek, raporlamak, bütçe değerlerini ve maliyetlerin takibini yapmak, süreçleri iyileştirmek ve ilgili ekibi yönetmek.

Operasyonun talimat ve plan doğrultusunda tam, zamanında, hasarsız ve verimli olacak şekilde gerçekleşmesini ve kayıtların tutulmasını sağlamak. Sahanın durumunu rutin olarak takip etmek, operasyonlar ile ilgili bilgileri almak ve istendiğinde raporlamak.

Operasyon planlama toplantılarının sonucunda ilgili bilgileri ve planlamaları ilgili çalışanlara aktarmak, iş emirleri oluşturmak, sahanın durumuna ve değişen taleplere göre planı ve iş emirlerini gerektiğinde revize etmek.

Ro-Ro Operasyonlarının güvenlik ve emniyet kurallarına uygun bir şekilde gerçekleştirilmesi için gereken tedbirleri almak, takip etmek, tespit edilen problem ve eksiklikler ile ilgili birimlere önerilerde bulunmak.

Ro-Ro sahalarında operasyon için gerekli iletişim ve koordinasyonun gerçekleşmesini sağlamak.

Terminal sahasına giren ve çıkan araçların organizasyon, kontrolü, trafiğinin düzenli olması için gereken tedbirleri almak ve takip etmek.

Ro-Ro sahalarına alınacak araçların müşteri antlaşmalarına ve kanunlara uygun şekilde depolanmasını, muhafaza edilmesini ve korunmasını sağlamak. Ayrıca ihtiyaç duyulacak özel ekipman varsa temin edilmesi için ilgili birimlere bilgi vermek.

Ro-Ro operasyon sahalarında gerçekleşen operasyonların sistem giriş ve çıkışlarının gerçekleştirilmesinin sağlamak.

Terminal sahasının en verimli şekilde kullanmak için yerleşim planları hazırlayıp, uygulamaya koymak.

Uluslararası Ro-Ro liman uygulamalarının takibinin yapılarak ilgili limanlardaki farklılıkların limanımıza uygulanabilirliğini araştırmak bununla ilgili çözüm yolları üretmek.

2.2.5 Sıvı Yük Operasyonları Fonksiyonu

Sıvı yüklerin (ambalajlanmış sıvı yükler hariç olmak üzere) tahliye ve yüklemesi, sahada veya depolarda istiflenmesi ve muhafaza edilmesi ile ilgili her türlü operasyonları kapsamaktadır.

2.2.6 Liman Planlama, Raporlama ve Dokümantasyon Fonksiyonu

Limanın trafik, ekip ve ekipman planlamasının yapılması, fabrika limanları için charter sözleşmelerine destek verilmesi, gümrüksel açıdan gerekli olan bütün resmi dokümantasyonlarının takip edilmesi, yönetim ve diğer birimlere gerekli raporlamaların yapılması işlemlerini kapsamaktadır.

Birimler arası koordinasyon ve planlama sürecini, yasalara ve işletme politika ve kurallarına uygun şekilde yürütmek, süreç içerisinde tutulması gereken kayıtların usulüne uygun olarak tutulmasını sağlamak, muhafaza edilmesini sağlamak ve kontrol etmek, raporlamak, bütçe değerlerini ve maliyetlerin takibini yapmak, süreçleri iyileştirmek.

Gemi trafik pozisyonunun ilgili sistem kapsamında 24 saat süre ile güncelliğini ve operasyonel bilgilerin doğruluğunu kontrol ederek ilgili operasyon birimleriyle koordine edilmesini ve planın dağıtılmasını sağlamak.

Limana yanaşacak olan gemilerin günlük yanaşma programını ilgili süreç sahipleri ile beraber hazırlamak ve raporlamak.

Genel kargo, konteyner ve ro-ro gemilerinin operasyonel çalışma raporlarının ilgili sistem girişlerinin yapılmasını sağlamak, faturaya temel teşkil eden bilgilerinin satış departmanına ulaştırılmasını takip etmek. Sisteme girilen verilerin, operasyon raporlarının, ilgili birimlere çıktılarının hazırlanmasını sağlamak. Aylık departman karnesine temel olacak verilerin konsolide olarak hazırlanıp raporlanmasını sağlamak.

Limana gelen gemilere ilişkin yasal evraklar içerisinde bulunan hazırlık mektubunu (NOR – Notice of Readiness) ve zaman çizelgesini (SOF – Statement of Fact) kontrol etmek, gerektiği takdirde ilgili düzeltmeleri yapmak.

Limana yanaşacak olan gemilerin (gemi teknik durumlarını, yük bilgilerini, gümrük evrak durumlarını, navlun sözleşmesi (C/P – Charter Party) şartlarını, vb.) ilgili bilgilerin doğruluğunu takip ve kontrol etmek, operasyonları bu bilgiler dahilinde yönlendirmek ve ilgili birimleri bilgilendirmek.

Limana yanaşan gemilerin operasyonel verimliliğinin takip etmek ve elleçlenen tonaj ve adetler ile ilgili birimler istendiğinde bilgilendirmek.

Limana yanaşan gemiler ve/veya acenteleri ile operasyonel yazışmaların yapılmasını sağlamak ve koordine etmek.

Günlük aylık ve yıllık operasyonel faaliyet raporlarının hazırlatmak. Sektör faaliyetlerini yazılı ve görsel basın yoluyla takip ederek gerekli durumlarda ilgili birimlere bilgi vermek.

Geçici depolama (sundurma) ve antrepo kayıtlarını yıllık teftişler için hazır tutmak. İstenildiğinde kanun ve yönetmenlikte belirtilen yetkili kişilere kayıtları göstermek. Kantarların yasalara uygun olarak çalışmasını sağlamak, yasaların istemiş olduğu kalibrasyon, mühürleme işlemlerinin yapılmasını sağlamak.

Gümrük, gümrük muhafaza, acente, gümrük müşavir ve diğer kamu kurum ve kuruşlar ile iletişim ve koordinasyonu sağlamak.

Periyodik geçici depolama ve antrepo sayımını yaptırmak, yapılan fiili sayım ile sistem kaydı değerleri ile karşılaştırılarak doğruluğunu kontrol etmek ve sonuçları dosyalamak.

Gümrük Müdürlüğü ile tüm yasal (Tebliğ yazılar, icra, tutanak, vb.) yazışmaları işletme adına yapmak /yapılmasını sağlamak.

2.2.7 İş Makineleri Yönetimi Fonksiyonu

Bütün diğer operasyon birimleri için gerekli olan iş makinelerinin tedarikini, iş makinelerinin gerekli kontrollerini yapmakla yükümlüdür. Özellikle ekipmanların verimli ve etkin kullanılması yükü bu departmanın sorumluluğu altındadır

Sorumluluk sahalarındaki iş makineleri operasyon sürecinin yasalara ve işletme politika ve kurallarına uygun şekilde yürütülmesini, süreç içerisinde tutulması gereken kayıtların usulüne uygun olarak tutulmasını sağlamak, muhafaza ve kontrol etmek, raporlamak, bütçe değerlerini ve maliyetlerin takibini yapmak, süreçleri iyileştirmek ve ilgili ekibi yönetmek.

Saha Planlama, ekip/ekipman organizasyonu ve operasyon gerçekleştirme ile operasyonun iş planı doğrultusunda tam, zamanında, hasarsız ve verimli olacak şekilde gerçekleştirilmesini sağlamak. Sahanın durumunu rutin olarak takip etmek, operasyonlar ile ilgili bilgileri almak, saha durum analizi yaparak yöntemlerini belirlemek. İş makineleri ve operatörlerinin vardiya planlanmasını kontrol etmek. Operasyon planlama toplantılarında ilgili bilgileri ve planlamaları sunmak, iş emirleri oluşturmak, sahanın durumuna ve değişen taleplere göre planı ve iş emirlerini revize etmek.

Operasyonun durumuna göre ekip ve ekipmanı belirlemek. Gerekli ise ekipman ve ekip talebinde bulunmak. Ekipman ve ekiplerin verimli çalışacak şekilde koordinasyonunu sağlamak.

Operasyonlarının güvenlik ve emniyet kurallarına uygun bir şekilde gerçekleştirilmesi için gereken tedbirleri almak, takip etmek, tespit edilen problem ve eksiklikleri ilgili gerekli birimlere önerilerde bulunmak.

Bakım zamanı gelen iş makineleri ve donanımlarının operasyonun durumuna göre bakımlarının yapılmasını sağlamak. İş makinelerinin tamir ve bakımlarının atıl kalmalarını önlemek. 3 ayda bir iş makinelerinin TMMOB kontrollerini yaptırılmasını sağlamak.

İş makineleri tedarikçileri ile yapılan çalışmaları koordine etmek. İş makinelerinin çalışma alanlarını kontrol ederek hasar görmelerini önlemek.

2.2.8 İş Güvenliği Çevre ve Kalite Fonksiyonu

Bütün operasyonların iş güvenliğinden, yapılacak operasyonlarda oluşabilecek risklerden, çevresel risklerin operasyonel olarak değerlendirilmesinden ve bu operasyonların belirli kalite sistemi çerçevesinde yürütülmesinden sorumludur.

Liman işletmesinde ISG ve çevre konularında işletme standartları ve yasal yükümlülükler paralelinde gerekli koşulları oluşturmak, devamını sağlamak, takibini yapmak ve raporlamak

Yasal mevzuat değişikliklerini takip etmek, liman işletmeleri ile ilgili olanları ilgili birimlere haber vermek. İSG ve çevre ile ilgili mevzuat ve standart değişikliklerinde, uyum sağlanması için gerekli çalışmaları başlatmak, raporlamak ve uygulamaları takip etmek.

Liman işletmesindeki ISG ve çevre risk değerlendirmelerinin yapılmasını koordine etmek, değerlendirme çalışmalarında yer almak ve güncel kalması için takibini sağlamak.

Liman işletmesindeki tehlike ve risklerle ilgili periyodik saha değerlendirmeleri yaparak raporlamak, gerekli iyileştirmelerin yapılması için öneriler geliştirmek ve organize etmek.

ISG ve çevre için liman işletmesindeki yapılan iyileştirme çalışmalarında önceki ve sonraki süreçlerini belgeleyerek raporlamak.

Yapılan yatırımlarda ve değişikliklerde (yeni ürün/yeni lokasyon vb.) olumsuz çevresel etkileri ve İSG risklerini, standart ve yasal yükümlülükler paralelinde değerlendirerek, uygunsuzlukları ilgililere yazılı ve sözlü olarak bildirmek. Liman işletmesindeki acil durum eylem planları hazırlamak, tatbikatların yapılmasını organize etmek. Acil durum eylem ekiplerinin oluşturulması ve eğitimleri için gerekli çalışmaları ilgili birimler ile koordineli olarak yapmak.

İş sağlığı ve güvenliği çalışma kurulu oluşturmak, her ay toplanmalarını sağlamak, gündem oluşturarak toplantıyı yönetmek. Toplantı da alınan karar ve sonuçları kayda alarak gerekli yayılım ve bilgilendirmeleri yapmak. Alınan kararların hayata geçirilmesi için gerekli takip ve organizasyonu yapmak.

İşyeri hekimi ile koordineli çalışarak kaza ve meslek hastalıklarını değerlendirmek, kaza istatistiklerini hazırlayarak tüm çalışanlara duyurmak. Gerekli önlemlerin alınması için düzenleyici önleyici faaliyetleri (DÖF) açarak veya açılması için gerekli organizasyonu sağlayarak organizasyonu yapmak ve takibini sağlamak Uygun nitelikte kişisel koruyucuların seçilmesi, temini, kullanımı için çalışanları uyarmak ve bilinçlendirmek, bakımı ve kontrolü ile ilgili alt yapıyı oluşturarak şirket genelinde iç danışmanlık yapmak.

İşletmedeki İSG ve çevre yıllık eğitim planını hazırlamak. Verilen eğitimler ile İSG ve çevre konularında tanımlanan kurallar, talimatlar ve uygulamalar konusunda çalışanları bilgilendirmek. Çalışanlarla pozitif iletişime girerek İSG ve çevre kültürünün tam anlamı ile yerleşmesini sağlamak.

Yeni işe başlayan personelin uyum sürecinde aktif rol alarak, tüm departmanlarda ISG ve çevre konularında gerekli ön ve şart eğitimlerin alınmasını sağlamak.

ISG ve çevre konularında eğitim içerikleri ve dokümanları güncel tutmak, ihtiyaç duyulan yeni dokümanlar oluşturmak.

Çalışma alanlarının düzen ve tertibini sağlamak (5S).

Konusunda iyi örnekleri araştırarak kıyaslama (benchmarking) çalışmaları yapmak. Sonuçları paylaşarak örnek uygulamaların işletmede yerleşmesini sağlamak.

2.2.9 Satış, Müşteri Hizmetleri ve Tahakkuk Fonksiyonu

Liman hizmetlerinin pazarlanması, yapılan operasyonlar esnasında müşterilerden gerekli geri bildirimin alınması, hizmet sonrasında ise gerekli faturalandırılmaların yapılmasından ve en önemlisi müşteri memnuniyetinin sağlanmasından sorumludur.

Liman işletme satış yapısı dahilindeki satış, müşteri hizmetleri ve faturalandırma faaliyetlerini yerine getirmek. Satış esnasında operasyonel süreçler ile müşteriler arasındaki iletişimde aktif rol almak ve süreçleri takip etmek.

Liman satış sürecini takip ettiği müşterilerin yeni iş imkanlarını tahlil etmek ve mevcut müşterilerin ihtiyaçlarını belirleyerek bu talepleri karşılayabilecek çözümler geliştirilmesinde katkıda bulunmak. Talep edilen hizmetler için fiyatlandırma çalışmalarını yapmak, fiyat tekliflerini müşterilere iletmek ve takibini yapmak.

Liman satışı grubunda süreçlerin etkin şekilde yönetilmesine katkıda bulunmak. Liman satış departmanının yıllık cirosal büyüklüğünün iş hacminin ve karlılığının bütçeler dahilinde tutturulmasını üzerine düşen görev ve sorumlulukları yerine getirerek sağlamak. Liman müşterileri ile ilgili dönemsel teklif, kontrat ya da hukuki sözleşme çalışmalarına katkıda bulunmak.

Limanda hizmet verilen ve potansiyel müşterilere periyodik ziyaretlerde bulunarak, müşterilerin ihtiyaç ve taleplerini belirlemek ve takibini yapmak. Gerektiği takdirde potansiyel olabilecek müşterileri ziyaret ederek işletmenin tanıtımını yapmak, işletmeyi en iyi şekilde temsil etmek ve yeni fırsatlar yaratmak.

Müşteri odaklı çalışma prensibi ile müşteri memnuniyeti doğrultusunda hareket etmek ve müşteri memnuniyetini arttıracak öneriler sunmak.

Müşteri ilişkileri yönetimi (CRM) sistemini aktif ve eksiksiz kullanarak, tüm müşteri aktivitelerini, teklifleri ve müşteri şikâyetlerini güncel olarak takip etmek ve CRM sisteminin sağlıklı çalışmasını sağlamak.

Müşteri memnuniyetine yönelik araştırma ve anketleri yapmak, sonuçla değerlendirmek yayılımını sağlanmak, iyileştirme faaliyetlerini ilgili departmanlar birlikte uygulamak.

Müşterinin isteği doğrultusunda her çeşit rapor, bilgilendirme ve ihbarları gerçekleştirmek.

Liman müşterilerinin rakip limanlarda aldıkları hizmetleri, fiyat seviyelerini ve bölgenin pazar dağılımını takip etmek ve pazar analizleri yapmak.

Söz konusu bilgiler ışığında satış stratejilerine katkı sağlamak. Liman Müşterilerine fiyat güncellemelerini, hukuki, mevzuatsal duyurulan ve operasyonel bilgilendirmeleri yapmak.

Liman Müşteri ihtiyaçları doğrultusunda; tüm sürecin ilgili departmanlar ile koordinasyonunu sağlayarak, yazılı ve sözlü her türlü bilgi akısını sağlamak. Mevcut iş süreçlerini sürekli gözden geçirerek iyileştirmeye açık alanları tespit etmek ve öneriler sunmak.

Liman hizmetleri faturalandırılmalarının müşterilere zamanında, doğru ve ulaşmasını sağlamak ve gerekli takibi yapmak.

Dönemsel olarak liman işletme dahilinde müşteri hizmetleri departmanı tarafından organize edilecek olan bilgilendirme toplantılarında, liman dahilinde yapılan hizmetler hakkında bilgilendirme sunumları yapmak.

Liman müşterileri ile yaşanan tahsilat problemlerini ve tahsilat sürecinde mali işler departmanına destek vermek.

Müşteri geri bildirimlerinin değerlendirilmesi ve kalıcı çözümlerin sunulması için çalışmalarda bulunmak, geri bildirimler sonucunda müşteri memnuniyetinin oluşmasını sağlamak.

Müşterinin sesi (VOC) sürecinin tanımlı olduğu şekilde ve ilgili performans kriterlerine tam uyum çerçevesinde yürütmek.

2.3 Eğitim

2.3.1 Eğitimin Tanımı

Türk dil kurumuna göre eğitim, çocukların ve gençlerin toplum yaşayışında yerlerini almaları için gerekli bilgi, beceri ve anlayışları elde etmelerine, kişiliklerini geliştirmelerine okul içinde veya dışında, doğrudan veya dolaylı yardım etmektir (WEB_1, 2013).

Uluslararası ün kazanmış filozof, düşünür ve edebiyatçıların eğitim ile ilgili tanımları ve söylemleri aşağıdaki gibidir.

- Çocuğu insan haline getirme sanatı (Çiçero)
- Beden ve ruha yetenekli olduğu güzelliği vermek (Platon)
- İnsanı doğasına göre yetiştirmek (Rousseau)
- İnsanı mükemmel bir hayatı yaşamaya hazırlamak (Herbert Spencer)
- Yetişmiş nesiller tarafından henüz sosyal hayat için olgun hale gelmemiş bulunan nesiller üzerinde yapılan her çeşit etki (Durkheim) (WEB_2, 2013)

Bu tanımlara göre eğitim ile ilgili önemli noktaları aşağıdaki şekilde sıralayabiliriz.

- Bir bireyin toplumda bir yer edinebilmesi için yapılmalı,
- Geliştirmeye yönelik olmalı,
- Doğrudan ve dolaylı olmalı,
- Bilinçli bir şekilde değişime zorlanmalı,

2.3.2 Eğitimin tarihsel gelişimi

Eğitim, disiplinler arası bir bilimdir. Ancak eğitim biliminin tarihsel gelişimini yazmak kolay değildir. Eğitimin tarihi, insanlığın tarihi kadar eskidir. En eski dönemlerden günümüze değin insan eğitimi söz konusu olmuştur. Çünkü insan, en azından yaşamı için, eğitilmeye en çok gereksinimi olan bir varlıktır. İnsanı diğer varlıklardan ayıran en önemli yetilerden biri akıldır. İnsanoğlu, aklı sayesinde diğer varlılara üstünlük sağlamıştır. Akıl da, eğitim yoluyla işlenebilen bir cevherdir. Bu cevherin kullanılmasında "eğitim" önemli bir araçtır. Bu, öyle bir araçtır ki, bu araç, aynı zamanda insanı mutluluğa götüren bir amaçtır (Ereş, 2007).

Türkiye'deki denizcilik eğitiminin tarihçesine bakıldığında ise, 1800'lü yıllarda ilk olarak gemilere zabit yetiştirmek üzere başladığı görülmektedir. Başlangıçta uygulanan ders programlarında ağırlıklı olarak güverte dersleri yer almış; liman yönetimi ve operasyonlarına ilişkin dersler ise oldukça kısıtlı kalmıştır. Küreselleşme ile birlikte ticaretin artması neticesinde Türkiye'de dış ticaret taşımalarının yarısından fazlası denizyolu ile gerçekleştirilmeye başlanmıştır. Denizyolu taşımacılığının artması ile geleneksel olarak işletilen ve her türlü yüke hizmet veren limanlar, yerini belirli yük türlerine hizmet veren uzmanlaşmış limanlara bırakmıştır. 2000'li yıllarda küresel rekabetin hızla artmasıyla, limanlarda eğitimli ve iyi yetişmiş personel ihtiyacı daha çok hissedilmeye başlanmıştır.

BÖLÜM 3 ARAŞTIRMANIN MODELİ VE KAPSAMI

Tezde nitel bir araştırma yapılarak durum çalışması modeli kullanılmıştır. Bu kapsamda araştırma için ilk önce problem belirlenerek, buna ait temel ve alt sorular aşağıda belirtildiği şekilde tespit edilmiştir.

Araştırmanın temel sorusu:

- Limancılık eğitimleri sektör ihtiyaçlarını karşılayabilmekte midir?

Araştırmanın alt soruları:

- Sektör çalışanları limancılık eğitimlerinin yeterli olduğunu düşünüyor mu?
- Limancılık eğitimleri içerik yönünden yeterli mi?
- Limanlardaki her fonksiyona yönelik ders bulunmakta mıdır?
- Derslerin içerikleri liman fonksiyonlarının ihtiyaçları ile örtüşüyor mu?

Daha sonra araştırma alanı olan araştırma evreni belirlenmiştir. Araştırma evreninin belirlenmesine müteakip örneklem seçilerek veriler toplanmıştır.

Verilerin toplanması sonrasında veriler analiz edilmiştir. Durum çalışması metoduna göre araştırma evreni, katılımcı seçilmesi, verilerin toplanması ve verilerin analizi ile ilgili kullanmış olunan yöntemlerin detayları bu bölümde anlatılmıştır.

3.1 Araştırma Evreni, Örneklem ve Kısıtlar

Araştırma evreni olarak Türklim (Türk Limancılar Derneği) üye limanlarından sadece yolcu ve tır/kamyon elleçleyen (feribot yanaşan limanlar) limanlar hariç olarak 45 liman belirlenmiştir. Yolcu ve feribot terminallerinin yönetim ve işletme bakımından çok farklılık arz etmesi sebebi ile çalışmamızda kapsam dışı tutulmuşlardır. Bu kapsamda örneklem olarak Türkiye'deki 16 farklı limandan toplam 40 sektör profesyoneli belirlenmiş ve görüşme yapılmıştır. Limanlardaki fonksiyonel ayrım ve kapsamı verilerin toplanması ve analizi alt bölümlerde detaylı açıklanmıştır.

Üniversite olarak Türkiye'deki devlet ve özel üniversitelerin limanlar ile ilişkili bölümleri incelenmiştir. Sadece denizde çalışacak personel yetiştirmeyi amaçlayan bölümler kapsam dışında tutulmuştur. Kapsam içerisinde olan bölümlerin detaylı incelemesinde sadece mesleki dersler ele alınmıştır. Bu derslerin de içerikleri incelenmiş ders kredileri inceleme kapsamı dışında tutulmuştur.

3.2 Verilerin Toplanması ve Analizi

Araştırmada ilk önce limanlar ve eğitim ile ilgili literatür araştırması yapılmıştır. Literatür araştırmasında limancılığın tanımı ve insan kaynaklarının liman yönetimindeki önemi incelenmiştir.

İkinci safhada tanımlarla belirlenmiş olan limanlar fonksiyonlarına ayrılmıştır. Bu ayrım esnasında birçok işletmede bulunan muhasebe ve insan kaynakları gibi destek fonksiyonlar kapsam dışı tutulmuştur. Limanlardaki fonksiyonlar ve kapsam durumları Tablo 3.2.1'de gösterilmiştir.

Tablo 3.2.1

Limanlarda Bulunan Fonksiyonel Yapılar

Fonksiyon Adı	**Kapsam Durumu**
• Teknik İşler	Kapsam Dışı
o Makine Ekipman Bakım	
o İnşaat ve Altyapı	
• Bilgi İşlem	Kapsam Dışı
• İnsan Kaynakları	Kapsam Dışı
• İdari İşler	Kapsam Dışı
• Mali İşler	Kapsam Dışı
o Finans	
o Muhasebe	
o Satınalma	
• Operasyon	Kapsam İçi
o Genel Kargo ve Dökme Yük Operasyon	
o Konteyner Operasyon	
o Ro-Ro Operasyon	

    - Sıvı Yük Operasyon
    - Planlama ve Dokümantasyon
    - İş Makineleri
- ISG, Çevre ve Kalite — Kapsam İçi
- Satış ve Müşteri Hizmetleri — Kapsam İçi
    - Satış ve Pazarlama
    - Müşteri Hizmetleri ve Tahakkuk

Daha sonra denizcilik eğitimi veren lisans ve önlisans programları doküman analizi yönetimi ile incelenmiştir. İlk önce ülkemizde bulunan denizcilik eğitimi veren üniversitelerin lisans ve önlisans programları listelenmiştir. Listelenmiş olan programların misyonları incelenmiştir. Misyonları içerisinde sadece denizde çalışmak için personel yetiştirmeyi hedefleyen bölümler kapsam dışı tutulmuştur. Kapsam içerisinde kalan bölümlerin ders programları ilgili üniversitelerin resmi internet sitelerinden çıkartılmıştır. Akabinde bu dersler içerisinden mesleki dersler ayrı bir liste haline getirilmiştir. Liste haline getirilen mesleki derslerin içerikleri incelenmiştir ve içeriklerine göre mesleki dersler limanlardaki fonksiyonel yapılar ile eşleştirilmiştir. Eşleştirme esnasında bir takım dersler birkaç fonksiyonel yapı ile eşleşmesine de imkân tanınmıştır. Bunun en temel sebebinin bazı derslerde kazanılan bilginin birden çok fonksiyonel yapı içerisinde kullanılmasıdır.

Limancılık sektörünün ihtiyaçları ise hazırlanan görüşme soruları ile belirlenmiştir. Görüşmede kullanılan soru formunun oluşturulmasında önce literatür incelemesi yapılmıştır. Ardından çalışmanın yapılacağı sektörden iki farklı yönetici ile ön test çalışması yapılmış ve görüş ve öneriler alınmıştır. Daha sonra oluşturulan soru formu uzman akademisyenlerin görüşleri de alınarak son hali verilmiştir. Görüşme soruları sektör profesyonellerinin kolayca cevaplayabileceği hale getirilmiştir. Görüşme soruları, aşağıda listelenen görüşmelerdeki temel noktalar dikkate alınarak hazırlanmıştır (Büyüköztürk vd., 2012).

- Mümkün olduğunca geçmiş bilgileri edinilmiştir
- Görüşmeyi önceden hazırlayıp denenmiştir
- Gizliliği temin edin ve görüşmeyi kesmeleri önlenmiştir
- Görüşme yapılan kişiyi rahatlatın
- Dostça ilişki kurun

- Kontrolü elinizde bulundurun
- Yönlendirmelerden kaçının
- Yansız olun
- Duyarlı olun

Son olarak görüşme soruları ile sektörün ihtiyaçları belirlenmiş ve kategorik birleştirme yöntemi ile sektör ihtiyaçları liman fonksiyonlarıyla eşleştirilmiştir.

3.3 Bulgular ve Yorumlaması

Eşleme neticesinde sektör profesyonellerinin görüşleri incelenmiş ve bahse konu fonksiyonlar ile ilgili sektörün eğitim ihtiyacının karşılanıp karşılanmadığı değerlendirilerek yorumlanmıştır. Birbirini karşılanmadığı değerlendirilen fonksiyonlar ile ilgi olarak sonuç bölümünde farklı model önerileri getirilmiştir.

BÖLÜM 4 LİMANCILIK LİSANS VE ÖNLİSANS PROGRAMLARI

4.1 Limancılık Lisans Programları

Ülkemizde sadece limancılık ile ilgili eğitim veren ayrı bir lisans programı bulunmamaktadır. Denizcilik ile ilgili ise on bir adet bölüm bulunmaktadır. On bir bölümün yedi tanesi denizde çalışacak zabit ve makine mühendisi yetiştirmek üzere kurulduğu amaçlarından belirlenmiştir. Bu çalışmada amaçları liman işletmelerini de kapsayan lisans programları incelenmiştir. Bu lisans programları bölüm 4.1.1'de amaçları ile birlikte aşağıda listelenmiştir.

4.1.1 Limancılık Lisans Programlarının Amaçları

İstanbul Üniversitesi/Deniz Ulaştırma İşletme Mühendisliği:

Deniz Ulaştırma İşletme Mühendisliği işletme seçeneği ile eğitim öğretim faaliyetlerine devam etmekte olup Deniz Ulaştırma İşletme Mühendisi unvanlı Deniz İşletmecileri mezun vermektedir. Deniz Ulaştırma İşletme Mühendisliği Bölümü "İşletme Opsiyonu" eğitiminin amacı Denizcilik ve Lojistik sektörüne üstün yöneticilik ve girişimcilik meziyetlerine sahip mezunlar verebilmektir. Atatürk ilke ve reformlarının takipçisi, aydın, yenilikçi ve açık fikirli genç yöneticiler yetiştirmek, uluslararası standartlarda nitelikli yöneticilik eğitimi vermektir.

"İşletme Opsiyonunda" verilen eğitim, temel mühendislik eğitiminin üzerine genel işletme kavramlarıyla birlikte fazladan denizcilik mesleğinin kavramlarını koyarak sektörün istediği özelliklerle tam olarak örtüşmesini sağlayacak bir kapsamdadır. Öğrencilerin mezun olduktan sonra iş hayatında karşılaşacakları mesleki olaylarda öngörme, müdahale, karar verme yeteneğine sahip olmalarını sağlamaktır. (WEB_3, 2013)

Dokuz Eylül Üniversitesi/Deniz İşletmeleri Yönetimi:

Dokuz Eylül Üniversitesi Denizcilik Fakültesi, Türkiye'nin denizcilik ilgi ve çıkarları doğrultusunda, toplam kalite, emniyet, güvenlik ve çevre yönetimi felsefesi ile lojistik, ulaştırma, mühendislik ve işletme yönetimi alanlarında lisans ve lisansüstü eğitim - öğretim hizmetleri verir ve deniz ticaret filosuna zabit yetiştirir. İlgili disiplinlerde bilimsel çalışmalar yapma ve bu alanlarda paydaşlara ve topluma yönelik eğitim ve danışmanlık hizmetleri sağlama görevlerini üstlenir. Öğrencilerin araştırmacı, sorgulayıcı, özgüvenli, öz disiplinli, liderlik niteliklerini ve sosyal sorumluluk bilincini taşıyan, yaşam boyu öğrenen, analitik düşünen ve uygulayan, takım çalışmasına yatkın, deniz örf, adet ve geleneklerine sahip bireyler olarak yetiştirilmesi hedeflenir. Tüm çalışanların katılımının sağlanması ve çalışma koşullarının iyileştirilmesi ilkeleri izlenir (WEB_4, 2013).

2002-2003 eğitim öğretim yılından başlayarak bölümde öğrenci merkezli, bütünleşik ve modüler Probleme Dayalı Öğrenim ve Aktif Eğitim uygulanmaktadır. Mezunlar denizcilik sektöründe etkin olarak görev alırlar ve uluslararası düzeyde istihdam olanağına sahiptirler. Öğrenci Seçme Yerleştirme Sınavı'nda TM puanı ile öğrenci alan Denizcilik İşletmeleri Yönetimi Bölümü'nde eğitim-öğretim dili İngilizcedir (WEB_5, 2013).

Kocaeli Üniversitesi/Deniz İşletmeleri Yönetimi:

Denizcilik sektörünün gerektirdiği nitelikler düşünülerek dünyanın her yerinde çalışabilecek nitelikte mesleki yeterliğe sahip, iletişim becerisi yüksek, özgür düşünebilen, ekip çalışması yapabilen, kendini sürekli olarak geliştirmeyi öğrenmiş, araştırma yetenekleri gelişmiş, yaratıcı ve çağdaş insanlar yetiştirilmesi amaçlanmaktadır.

Denizcilik sektörünün gelişimine katkı sağlayan ve yetkin denizci yöneticiler yetiştiren alanında önde bir bölüm olma düsturu ile hareket eden Denizcilik İşletmeleri Yönetimi Bölümü'nün amacı ilgili alanda uluslararası nitelikte, sürekli öğrenmeye yatkın, deniz örf ve adetlerini bilen, disiplinli, hızlı ve isabetli kararlar alabilen, denizcilik alanında yönetim ve işletmecilik bilgileri ile donanmış ve genel uygulama yeterlikleri kazanmış denizci yönetici adayları yetiştirmektir (WEB_6, 2013).

Bülent Ecevit Üniversitesi / Deniz İşletmeleri Yönetimi:

Denizcilik sektörünün kara ve gemi üzerindeki işlerini evrensel boyutta yerine getirebilen, sorun çözme kabiliyetine sahip, sorumluluk almaya istekli, üretken, girişimci, rekabetçi, sosyal yönü gelişmiş yurtsever meslek elemanları yetiştirmektir. Denizcilik işletmeleri yönetimi deniz işletmeciliğinin karadaki görevleri ile ilgilidir. Bölüm mezunları, liman idarelerinde, sigorta şirketlerinde, deniz taşımacılık şirketlerinde, denizcilik müsteşarlığının ilgili birimlerinde ve denizcilik ile ilgili şirketlerde görev alabilmektedir. İsteyen mezunlar denizcilik sektöründe girişim yapma işletme kurma ve işletme faaliyetleri de yapabilmektedir (WEB_7, 2013).

4.1.2 Limancılık Lisans Programlarındaki Mesleki Dersler

Lisans programlarının bütün derslerinden temel dersleri ayırıp mesleki dersleri liman işletmelerindeki fonksiyonel yapı ile karşılaştırdığımızda aşağıdaki sonuçlara ulaşılmıştır. Bu inceleme yapılırken farklı üniversitelerdeki benzer dersler araştırmada karışıklık yaratmaması adına aynı ders adıyla anılmıştır. Buna örnek olarak "Liman İşletmeleri Yönetimi", Liman İşletmelerinde Yönetim ve Organizasyon", "Liman ve Terminal İşletme Yönetimi", "Liman ve Terminal Yönetimi" isimli dersler aşağıdaki listede "Liman İşletmeleri Yönetimi" adıyla geçmektedir.

4.1.2.1 Liman İşletme Fonksiyonundaki Mesleki Dersler

- **Deniz İşletmeciliğine Giriş:** Deniz ticaretine ilişkin temel tanım ve kavramlar, deniz ticaretindeki kurum ve kuruluşlar, deniz işletmelerinin türleri, deniz işletmelerinin yapısal ve fonksiyonel analizi bu dersin konusunu oluşturmaktadır (WEB_8, 2013).
- **Deniz Taşımacılığı Yatırım ve Finansmanı:** Deniz taşımacılığı yatırımlarında sermaye bütçelemesi teknikleri, risk ve belirsizlik, sermaye maliyeti, sermaye yapısı ve kaldıraçlar, gemilerin ve denizcilik tesislerinin finansmanı bu dersin konusunu oluşturmaktadır (WEB_9, 2013).
- **Denizcilik Ekonomisi:** Temel ekonomik prensipler, deniz taşımacılığında arz ve talep dengesi, ticaret filoları, limanların ekonomik üzerindeki rolü, deniz ticaretine politikanın etkileri, market araştırmaları vs. bu dersin konularını oluşturmaktadır (WEB_10, 2013).

- **Denizcilik Politikaları:** Denizcilik politikasının unsurları, uygulamada denizcilik politikaları (kabotaj ve uluslararası deniz taşımacılığı, limancılık, gemi yapımı, uluslararası ilişkiler), deniz taşımacılığı konusundaki politikalar (kendine yeterlik, bölgeye hâkimiyet, dünyaya açılma, serbest bayrak, denizcilik alanındaki devlet destekleri, ulusal filo kurma stratejileri), limancılık konusundaki politikalar, uluslararası ilişkiler (Liman devleti kontrolü, uluslararası kuralların izlenmesi ve katılım) bu dersin konularını oluşturmaktadır (WEB_11, 2013).

- **Denizcilik Tarihi ve Kültürü:** Dünya Denizcilik tarihinde dönemler. Büyük deniz savaşları ve etkileri. Denizcilikte kullanılan araçların tarihsel gelişimi, denizciliğin kültürel mirasa etkileri (sanat, edebiyat, arkeoloji) 21. yüzyıl dünya denizciliği. Türk Denizcilik Tarihi; gelişimi, olaylar, kişiler. Denizcilik tarihi eserleri; yazma eserler, haritalar, portolanlar bu dersin konularını oluşturmaktadır (WEB_8, 2013).

- **Liman İşletmeleri Yönetimi:** Limanların yönetim ve işletme şekilleri, limanlarda haberleşme sistemi, limanların bakım-onarım ve genel güvenlik organizasyonu ve yönetimi, işletme ve sistem, liman, iskele, platform ve terminal sistemleri, liman terminallerde giren ve çıkan trafiğin yörüngeleri, servis sitemleri, kontrol–denetim sistemleri, depolama alanları, servis sistemlerinde servis ve bekleme süreleri, limanlarda yatırım ve işletme bileşenleri, maliyetler, sabit ve değişken maliyetler, limanlarda uygun değer servis araçları ve yapıları bu dersin konularını oluşturmaktadır (WEB_8, 2013).

- **Limancılık Ekonomisi:** Limanlar bulundukları bölgede ekonominin gelişmesine, istihdam sağlanmasına, iş ücretlerinde artışlara, iş fırsatlarına ve bölge için vergi kazançları sağlamaktadırlar. Bu dersin konusunu limanların üretim ve maliyetler üzerine etkisi, ürünlerin fiyatlarına ve yatırımlara olan etkisi, limanların rekabet ve performansları, liman işçi sendikaları ile uluslararası birlikler oluşturmaktadır (WEB_10, 2013).

- **Lojistik Bilgi Sistemleri:** Bu dersin amacı, lojistik bilgi teknolojisinin, sektör içindeki önemini kavratabilmektir. Bununla birlikte öğrencilere bilgi teknolojileri kullanarak analiz etme, geliştirme ve sistem kurma mantığını yerleştirmeyi hedefler (WEB_10, 2013).

- **Temel Hukuk:** Hukuk kavramının genel tanımı; sosyal yaşamı düzenleyen kurallar ve hukuk; hukuk kavramı ve hukuki yaptırım; hukuk kurallarının özelliği;

hukukun kaynakları; Türk toplumunda hukukun kaynakları; kamu hukuku ve özel hukuk ayırımı; hak tanımı ve türleri; hakkın kazanılması, kaybedilmesi ve kullanılması; kişi ve kişi türleri: gerçek kişiler, tüzel kişiler; gerçek kişilerin ehliyetleri: hak ehliyeti, fiil ehliyeti: hısımlık; ikametgâh: kişiliğin korunması; zilyetlik; mülkiyet; borç ilişkisi ve sorumluluk; kanunlar hiyerarşisi; yargı organları bu dersin konularını oluşturmaktadır (WEB_9, 2013).

- **Deniz Hukuku:** Deniz hukukunun tarihçesi, deniz hukukunun kaynakları, iç sular, kara sulan, bitişik bölgeler, özel ekonomik bölgeler, kıtasal ve uluslararası sulardaki kuralları içeren deniz hukuku ilkeleri, Türkiye'nin boğazlar ve diğer denizcilik konularındaki yasaları, denizde seyir, güvenlik, liman ve gümrük düzenlemeleri gemilerin milliyeti, gemilerin sahipliği bu dersin konularını oluşturmaktadır (WEB_9, 2013).
- **Deniz Sigortası Hukuku:** Riskin anlamı, tanımlanması, analizi, hasar kayıpları, risk yönetimi kavramı, deniz tehlikeleri, deniz sigortasının genel kavramları ve amacı, sigortalanabilir menfaatler kavramı ve azami iyi niyet, komisyoncular aracılığıyla sigorta anlaşması, ihlal ve tekellüf borcunun ihlali, kargo sigortası, gemi sigortası, hayat sigortası, kurum klozlarının kullanımı, kayıp ve tazminat, deniz sigortası ve sınıflandırma cemiyeti, P/I kulüplerinin teşekkül ve işlevi, kulüplerce kapsanan borçlar ve yükümlülükler bu dersin konularını oluşturmaktadır (WEB_9, 2013).
- **Deniz Ticaret Hukuku:** Deniz ticaret hukuku ile ilgili temel kavramlar, deniz idari teşkilatı, görev ve yetkileri, denizde can ve mal güvenliği ve deniz çehresinin korunması konusuna ilişkin IMO Sözleşmeleri (SOLAS, MARPOL) ve uygulanmalarına ilişkin temel bilgiler, denizde can ve mal koruma hakkında yasa gerekleri, limanlar yasası, harçlar yasasının ilgili gerekleri, deniz iş yasası, kaptanın tanımı, yetki ve sorumlulukları, deniz kazaları ve çatma, avaryalar, kurtarma yardım, gemi ile ilgili gemide taşınacak belgeler, sigorta ve deniz sigortası bu dersin konularını oluşturmaktadır (WEB_8, 2013).
- **İş Hukuku:** Genel kavramlar, hizmet akdi, hizmet akdinin sona ermesinin hukuki sonuçları, kıdem tazminatı, toplu iş sözleşmesi, grev, lokavt ve iş uyuşmazlıkları ile çözüm yolları bu dersin konularını oluşturmaktadır (WEB_9, 2013).

4.1.2.2 Genel Kargo ve Dökme Yük Operasyonları Fonksiyonundaki Mesleki Dersler

- **Yük İşlemleri ve Gemi Stabilitesi:** Yük elleçleme ve istiflemede geminin, tayfaların ve yüklerin güvenliği, yük elleçleme sistem ve teknikleri, başlıca yük kategorileri, başlıca yüklerin elleçlenmesi ve istiflenmesi, yük elleçleme işlemleri, konşimento, kayıt tutma, kargo teslimi, liman onayı, yük elleçlemede yasal konular, yükleme masrafları, kargo planı ve kargo planı ilkeleri, kargo sigortası, değişmezlik ve değişmezlik hesaplamalarının temel ilkeleri bu dersin konusun oluşturmaktadır (WEB_9, 2013).
- **Gemiciliğin Temelleri:** Gemi tipleri ve tarihsel gelişimi, gemi yapısı, parçaları ve terminolojisi, gemi organizasyon şekilleri, personel görevleri ve sorumluluklar, gemi manevra terminolojisi ve yardımcı ekipmanlar, köprü ekipmanları, gemi sertifikalan, kargo yükleme/boşaltma ekipmanları bu dersin konusun oluşturmaktadır (WEB_9, 2013).

4.1.2.3 Konteyner Operasyonları Fonksiyonundaki Mesleki Dersler

- **Konteyner Sistemleri ve Yönetimi:** Konteynerizasyon, yüklerin birimleştirilmesi, konteyner yapısı ve elemanları, yapılışlarına ve kullanılışlarına göre konteyner çeşitleri, satıcının deposundan alıcının deposuna kadar konteynerin taşınması sırasında geçirdiği evreler, konteynerin takibinde yapılması gereken işlemler, konteyner taşımacılığında kullanılan belgeler, yüklerin konteynerlere istiflenmesi, konteynerlerin gemiye istiflenmesi, konteyner gemileri bu dersin konusunu oluşturmaktadır (WEB_9, 2013).

4.1.2.4 Ro-Ro Operasyonları Fonksiyonundaki Mesleki Dersler

Ro-ro fonksiyonu ile ilgili özelleşen bir ders üniversitelerde bulunmamaktadır.

4.1.2.5 Sıvı Yük Operasyonları Fonksiyonundaki Mesleki Dersler

Sıvı yük operasyonları fonksiyonu ile ilgili özelleşen bir ders üniversitelerde bulunmamaktadır.

4.1.2.6 Liman Planlama, Raporlama ve Dokümantasyon Fonksiyonundaki Mesleki Dersler

- **Charter Sözleşmeleri:** Deniz araçları kiralama biçimi, kavramı ve kiralayan tanımı; kiralayanın yükümlülükleri, seyahat kiralaması ve klozlar (standart kiralama tarafları formları), zaman kiralaması ve klozlar, boş gemi kiralaması ve klozlar, kiralamada hasarlar ve hasarların tazmini bu dersin konusun oluşturmaktadır (WEB_9, 2013).
- **Deniz Ulaştırma Operasyonları ve Dokümantasyon:** Denizcilik operasyonları hakkında genel bilgi ile acente ve forwarding işletmeciliğinde kullanılan dokümanların tanımları bu dersin konusunu oluşturmaktadır (WEB_10, 2013).
- **Gümrük Mevzuatı ve Gümrükleme İşlemleri:** Deniz ve gümrük mevzuatının tanımı, taşımacılıkta karayolu, suyolu, denizyolu, demiryolu, havayolu entegrasyonu sonucu ikili veya daha fazla kombinasyonlar ile ortaya çıkacak hukuki sorunları, liman giriş–çıkış belgeleri, personel listeleri, gemiye katılış – ayrılmalar, gemilere yük alıp–verilmesi, beyan mektupları, ambarların mühürlenmesi ve açılması, gümrük kontrol ve belgeleri bu dersin konusunu oluşturmaktadır (WEB_8, 2013).
- **Denizcilik İşletmelerinde Kalite Yönetimi:** Taşıma koşulları, sefer talimatları, yükleme ve tahliyede zaman sayımı, zaman çizelgesi, hazırlık mektubu, gemi, donatan, kiracı, acente, broker, navlun, sözleşme türleri, starya, sürastarya, gemide ve deniz işletmesinde ISM uygulamalar, ISPS kuralları bu dersin konusunu oluşturmaktadır (WEB_9, 2013).

4.1.2.7 İş Makineleri Yönetimi Fonksiyonundaki Mesleki Dersler

İş makineleri yönetimi fonksiyonu ile ilgili özelleşen bir ders üniversitelerde bulunmamaktadır.

4.1.2.8 İş Güvenliği Çevre ve Kalite Fonksiyonundaki Mesleki Dersler

- **Deniz ve Çevre Koruma:** Deniz ve çevre kavramlarının tanımı, okyanus ve denizlerin genel özellikleri, barındırdıkları canlı hayatı nedeniyle kirliliğe karşı hassasiyetleri ve deniz kirliliğinin tanımı yapılmaktadır. Deniz kirliliğine neden olan faaliyetler tanımlanmakta, uluslararası hukuk açısından alınan tedbirler ve yaptırımlar açıklanmaktadır.

- **Denizde Güvenlik:** Yaşam kurtarma ekipmanlarının bakım, kullanım ve idamesi, yangınla mücadele hasar kontrolü ve vukuatların ölçümü ve kayıtlanması acil durumlar ve prosedürler, uluslararası güvenlik gerekleri, uluslararası sinyal kodları, tehlikeli kargoların taşınması, deniz kirliliği ve kirlilik kontrolü bu dersin konusunu oluşturmaktadır (WEB_9, 2013).
- **Temel İlk Yardım:** Hasta/yaralıların ihtiyaçlarının ve kendi güvenliğimiz için tehlikelerin denetlenmesi, vücudun yapısı ve işlevleri, hasta/yaralı/kazazedenin durumu, yara ve veya hastalığın yeri, kazazedeyi uygun konuma getirme, bilinci kapalı kazaya uğramış kişi, canlandırma tekniklerinin uygulanması, kanamanın kontrolü, temel şok yönetimi uygun önlemlerinin tatbiki, elektrik kazaları dâhil yanıklar ve haşlanmalarda uygun önlemlerin tatbiki, bir kazazedenin kurtarılması ve taşınması, acil durum takımındaki malzemenin ve bandajlar yerine geçebilecek diğer uygun malzemelerin kullanılması ve diğer ilk yardım temel eğitimleri bu dersin konusunu oluşturmaktadır (WEB_8, 2013).
- **Sağlık Emniyet Çevre Güvenlik & Kriz Yönetimi:** İşletmelerde meydana gelen iş kazalarının sebepleri, iş kazalarına karşı önlem alma yönetmeleri, sağlık emniyet ve çevre güvenlik kavramı, işletmelerde risk analizi, risklere karşı proaktif önlemler, iş güvenliği ve işletme maliyetleri, koruyucu araç ve gereçler bu dersin konusunu oluşturmaktadır (WEB_9, 2013).
- **Tehlikeli Maddeler Lojistiği:** Tehlikeli maddelerin tanımı ve sınıflandırılması yapılarak öğrencilerin tehlikeli maddeleri tanımaları sağlanır. Buna bağlı olarak öğrenciler patlayıcı maddeler, gazlar, yanıcı sıvılar, yanıcı katı maddeler, oksitleyici maddeler, zehirli ve iğrendirici maddeler, radyoaktif maddeler ve dağlayıcı maddeler konularında bilgilendirilir. Maddelerin tehlikelilik özellikleri üzerinde durularak bu maddelerin taşınması ve depolanmasında alınması gerekli önlemler belirtilir. Tehlikeli madde ile ilgili rizikoların oluşması durumunda mücadele yöntemleri ve acil ilk yardım konuları işlenir. Tehlikeli maddelerin taşınmasında uygun taşımacılık modlarının seçimi üzerinde durulur. Ayrıca tehlikeli maddeler tablo ve işaretlerinin kullanılışı, paketleme talimatları, paketleme özellikleri, işaretlenmesi, etiketlenmesi konuları üzerinde durulur

ve tehlikeli maddeler için göndericinin ve taşıyıcının sorumlulukları bu dersin konuları kapsamındadır (WEB_8, 2013).

4.1.2.9 Satış, Müşteri Hizmetleri ve Tahakkuk Fonksiyonundaki Mesleki Dersler

- **Deniz Ticaretine Giriş:** Denizcilik endüstrisinin mevcut ticari durumu, denizcilikteki ticari elementlerin yapıları bu dersin konusunu oluşturmaktadır (WEB_10, 2013).
- **Hizmet Pazarlaması:** Hizmetlerin karakteristikleri, sınıflanması, hizmet işletmelerinin performansına pazarlamanın etkisi, hizmet kalitesi ve tüketicinin hizmet bekleyişleri, hizmetleri iyileştirme ve ilişkisel pazarlamadaki rolü, hizmet geliştirme ve tasarımı, hizmet tesliminde çalışan ve tüketicinin rolü, hizmetlerin aracılar vasıtasıyla teslimi, hizmetlerin fiyatlandırılması, hizmet pazarlaması iletişimi bu dersin konusunu oluşturmaktadır (WEB_8, 2013).

4.2 Limancılık Önlisans Programları

Ülkemizde sadece limancılık ile ilgili eğitim veren on iki önlisans bölümü bulunmaktadır. Deniz ve Liman İşletmeciliği adıyla geçen bu önlisans programları bölüm 2.2.1'de amaçları ile birlikte listelenmiştir.

4.2.1 Limancılık Önlisans Programlarının Amaçları

Akdeniz Üniversitesi / Deniz ve Liman İşletmeciliği: Globalleşen dünyada hızla artan uluslararası ticaret hacminin en yüksek potansiyelli taşıma sisteminin denizyolu taşımacılığı oluşu, denizcilik ve lojistik sektörünün nitelikli insan gücüne olan ihtiyacındaki artışı da beraberinde getirmektedir. Programımızın amacı bu ihtiyacı karşılamak üzere, denizcilik sektörünün temel iş alanlarını oluşturan armatör firmalar, gemi ve yük broker firmaları, freight forwarder firmaları, liman işletmeleri, marina işletmeleri, tersaneler, gemi yedek parça, kumanya, yakıt, yağ, vb. ikmalci firmaları ve denizcilik sektörüne hizmet veren sigorta, finans ve denetleme kuruluşlarına, ayrıca deniz taşımacılığını içinde barındıran lojistik sektörüne bu yönde eğitim almış kalifiye personel yetiştirmektir (WEB_12, 2013).

Beykoz Lojistik Meslek Yüksekokulu / Deniz ve Liman İşletmeciliği: Deniz ve Liman İşletmeciliği programımızın ana amacı, ihtiyaç duyulan nitelikli iş gücünü sektöre kazandırabilmektir. Bu amaçla, bölümümüzde bir yıl isteğe bağlı hazırlık olmak üzere 2 yıl mesleki eğitim verilmektedir. Öğrencilerimiz, birinci sınıfta almaya başladıkları temel denizcilik derslerinin akabinde, ikinci yıl denizciliğin kara ayağına yönelik spesifik derslerle sektörün çeşitli dallarını tanımakta ve uzmanlaşacakları alanlara bu şekilde daha emin şekilde yönelebilmektedirler (WEB_13, 2013).

Çanakkale Onsekiz Mart Üniversitesi / Deniz ve Liman İşletmeciliği: Deniz ve Liman İşletme mezunu öğrenciler sektördeki işletmeci insan kaynakları gereksinimine cevap verecek şekilde eğitilmektedirler. Mezun öğrencilerimiz denizcilik alanında ara eleman (meslek elemanı) olarak istihdam edilirler. Bu programı bitirecek olan öğrenciler, "Deniz ve Liman İşletme Meslek Elemanı" unvanı ile Deniz ve Liman İşletmelerinde, Turizm Sektöründe, Yat ve Yat Limanı İşletmelerinde, Gemi Acentelerinde, çeşitli kademelerde görev alabilirler (WEB_14, 2013).

Kastamonu Üniversitesi / Deniz ve Liman İşletmeciliği: Deniz ve Liman İşletmeciliği Programının amacı uluslararası ticaretinin en büyük kısmını deniz yolları ile gerçekleştirmekte olan ülkemizde deniz taşımacılığı ve limancılık alanlarında uzmanlaşmış nitelikli iş gücüne olan ihtiyacı karşılamaktır. Program, öğrencilere temel denizcilik bilgisi ve liman işletmeciliği konusunda hem teorik hem de uygulamalı bir eğitim sağlamaktadır. Ülkemizde uzun yıllardır faaliyette bulunan köklü devlet limanlarının yanı sıra yeni atılımlarda bulunan ve büyümekte olan özel limanların ihtiyaç duyduğu denizcilik ve limancılık bilgisi ile donatılmış uzmanlar yetiştirmektedir (WEB_15, 2013).

Kocaeli Üniversitesi / Deniz ve Liman İşletmeciliği: Deniz ve liman işletmeciliği programının amacı denizcilik işletmelerine ara insan gücü ve orta düzey yönetici yetiştirmektir. Konu programdan mezun olan öğrenciler denizcilik sektörünün işletme kısımlarında görev alabilecek yeterlilikte olmaktadırlar (WEB_16, 2013).

Mersin Üniversitesi / Deniz ve Liman İşletmeciliği: Deniz ve Liman İşletmeciliği Programından mezun olacak öğrencilerimiz ise sınavlarda başarılı olmak kaydıyla "Yat Kaptanı" yeterliğine sahip olacaklardır. Bu programdan mezun olan öğrencilerimiz ayrıca deniz acentelerinde, brokering, forwarding, armatörlük ve lojistik firmalarında çalışabileceklerdir (WEB_17, 2013).

Okan Üniversitesi / Deniz ve Liman İşletmeciliği: Mezun olan öğrencilerimiz, denizcilik endüstrisinde, deniz işletmeleri, liman işletmeleri, liman idaresi, deniz turizmi yat limanları, balıkçı limanları, iç sulardaki limanlarımızda liman idare ve işletmeciliği, gemi bakım- onarım tesisleri, gemi acente hizmetleri, lojistik ve gümrükle ilgili birimlerde çalışabilmektedirler (WEB_18, 2013).

Piri Reis Üniversitesi / Deniz ve Liman İşletmeciliği: Deniz ve Liman İşletme programının amacı mezunlarını deniz teknik ve ticari yönetim, limanlar ve terminaller, gemi brokerliği, gemi acenteciliği, gemi sigortacılığı şirketlerindeki görevlere hazırlamaktır. Mezunlar, yakın yol vardiya zabiti ehliyetine de sahip olabilecektir. Bu ehliyet sayesinde liman içerisinde görev yapan 500 grostondan küçük teknelerde kaptanlık yapabileceklerdir. Akademik eğitim, dört sömestrden oluşmaktadır. Öğrenciler, öncelikle matematik, fizik, kimya, işletme derslerini takiben, seyir ve gemicilik, yük operasyonları, gemi ve gemi yönetimi alanlarında uzmanlaşırlar (WEB_19, 2013).

Sinop Üniversitesi / Deniz ve Liman İşletmeciliği: Deniz ve Liman İşletmeciliği meslek elemanlarına, denizcilikle ilgili kamu kurumlarında, deniz nakliyatı şirketlerinde ve denizcilik sektöründe hizmet veren özel kuruluşlarda (gemi işletmeleri, liman ve tersane işletmeleri, marinalar, balıkçı barınakları, deniz acenteleri, forwarderler, gemi kiralama ve turizm sektöründe vb.) ihtiyaç duyulmaktadır. Söz konusu program ile bu kurum ve kuruluşlara yönelik deniz ve liman işletmeciliği meslek ara elemanlarını yetiştirmeyi planlamaktayız. Ayrıca bu program öğrencilerine yat kaptanlığı eğitimi verilerek, mezun olan öğrenciler Denizcilik Müsteşarlığının açmış olduğu sınavlara giriş hakkı kazanacaklardır (WEB_20, 2013).

Uludağ Üniversitesi / Deniz ve Liman İşletmeciliği: "Deniz ve Liman İşletmeciliği Programı" denizcilik ve limancılık sektörünün yanı sıra hızla gelişen lojistik sektörünün ihtiyaç duyduğu hem denizciliği hem de tedarik zinciri lojistiği operasyonlarını iyi bilen uzman ihtiyacını karşılamaya yönelik olarak hazırlanmış bir programdır. Deniz ve liman işletmeciliği bölümü mezunları denizcilik ile ilgili çeşitli firmalarda, armatör şirketlerinde, gemi acentelerinde, lojistik şirketleri denizcilik departmanlarında, limanlarda, ilgili kamu kurum ve kuruluşlarında, ilgili sivil toplum örgütlerinde istihdam edilebilmektedirler (WEB_21, 2013).

Yalova Üniversitesi / Deniz ve Liman İşletmeciliği: Programın asıl amacı denizcilik ve liman işletmelerinde ara insan gücü ve orta düzey yönetici yetiştirmektir. Mezunlar denizcilik sektöründe ulusal ve uluslararası düzeyde istihdam olanağına sahiptirler. Mezunlarımız, gemi brokeri, gemi acentesi ve limanlarda ara eleman olarak istihdam olanakları oldukça yüksektir (WEB_22, 2013).

Yaşar Üniversitesi / Deniz ve Liman İşletmeciliği: Deniz ve Liman İşletmeciliği Programının amacı uluslararası ticaretinin en büyük kısmını deniz yolları ile gerçekleştirmekte olan ülkemizde deniz taşımacılığı ve limancılık alanlarında uzmanlaşmış nitelikli iş gücüne olan ihtiyacı karşılamaktır. Program, öğrencilere temel denizcilik bilgisi ve liman işletmeciliği konusunda hem teorik hem de uygulamalı bir eğitim sağlamaktadır (WEB_23, 2013).

4.2.2 Limancılık Önlisans Programlarındaki Mesleki Dersler

Önlisans programlarının bulunan bütün derslerden, temel dersler ayrılıp, mesleki dersler liman işletmelerindeki fonksiyonel yapı ile karşılaştırıldığında aşağıdaki sonuçlara ulaşılmıştır. Bu inceleme yapılırken farklı üniversitelerdeki benzer dersler araştırmada karışıklık yaratmaması adına aynı ders adıyla anılmıştır. Buna örnek olarak "Liman İşletmeciliği ve Yönetimi", "Denizcilik İşletmelerinde Yönetim", "Liman İşletmeciliği", "Liman İşletmesi ve Organizasyonu" isimli dersler aşağıdaki listede "Liman İşletmeciliği ve Yönetimi" adıyla geçmektedir.

4.2.2.1 Liman İşletme Fonksiyonundaki Mesleki Dersler

- **Liman İşletmeciliği Yönetimi:** Liman, liman tipleri, deniz limanları ile ilgili hukuki genel tanımlar, liman alt yapıları, liman üst yapıları, terminaller, limanların fonksiyonları, liman hizmetleri, liman yönetimi, deniz limanlarının fonksiyonları ve liman idaresi, limanların fonksiyonel organizasyon yapısı, bir limanda günlük olarak alınması gereken kararlar ve operasyonlar, limanlara yük gelmesi durumunda evrakların izlediği yol, liman ekonomisi, konteyner terminalinin fonksiyonları, terminal lojistiği ve optimizasyon metotları, gemi planlama süreci, rıhtım tahsisi, yüklemenin planlanması, vinç dağılımı, Türkiye ve dünya limanları (WEB_24, 2013).

- **Denizcilik Terminolojisi:** Bu derste öğrencilerin meslekleriyle ilgili olan terimleri öğrenmeleri amaçlanır.

- **Denizcilikte İnsan Kaynakları:** İnsan kaynaklarına giriş ve genel tanımlar, denizcilikte organizasyon, ulusal ve uluslararası işe alma yöntemleri ve seçim teknikleri, performans yönetimi, eğitim ve geliştirme, tazminat, vatana iade, işçi kanunları ve kuralları, insan kaynakları yönetimine yönelik sorunlar ve çözüm önerileri (WEB_24, 2013).

- **Dünya ve Denizcilik Tarihi:** Bu derste öğrencilere dünya denizcilik tarihinin gelişimi, ilk çağlardan başlayarak denizciliğin tarihçesi, coğrafi keşifler ve dünya ticareti üzerindeki etkileri gibi konular aktarılmaktadır (WEB_25, 2013).

- **Gemi ve Liman Bilgisi:** Ticaret gemilerinde temel gemicilik bilgisinin verilmesi amaçlanmaktadır. Gemi ana ve yardımcı yapı elemanlarının tanımları, geminin bölümler, gemi tipleri, liman tipleri, limanların fonksiyonel yapısı, temel liman bölümleri bu dersin içeriğini oluşturmaktadır (WEB_26, 2013).

4.2.2.2 Genel Kargo ve Dökme Yük Operasyonları Fonksiyonundaki Mesleki Dersler

- **Genel Kargo Operasyon:** Bu dersin amacı genel kargo terminalleri, genel kargo terminalleri operasyonları hakkında bilgi vermektir. Dersin içeriğinde genel kargo yük taşımacılığı, genel kargo gemileri ile terminallerinin yapısı ve fonksiyonları, genel kargo gemi planlama süreci, depolama alanlarının yönetimi, tahliye ve yüklemenin planlanması ve genel kargo operasyonlarında kullanılan terim ve kısaltmalar bulunmaktadır (WEB_26, 2013).

- **Yük İşlemleri ve Gemi Stabilitesi:** Gemiye etki eden kuvvetler ile bunların doğurduğu momentler, deplasman, yüzdürme kuvveti, statik denge, başlangıç dengesi, denge eğrileri, deniz suyu yoğunluğunun drafta etkisi, tanklardaki serbest sıvıların gemi dengesine etkisi bu dersin konularını oluşturmaktadır (WEB_24, 2013).

4.2.2.3 Konteyner Operasyonları Fonksiyonundaki Mesleki Dersler

- **Konteyner Sistemleri ve İşletmeciliği:** Konteynerin tanımı, konteynerin tarihsel gelişimi, konteyner tipleri, konteyner gemileri ve gemi tipleri, konteyner elleçleme yöntemleri, Layner Konferansları, konteyner limancılığı, konteyner sistemleri, konteyner yükleme şekilleri, lojistik taşımada konteyner bu dersin içeriğini oluşturmaktadır (WEB_24, 2013).

4.2.2.4 Ro-Ro Operasyonları Fonksiyonundaki Mesleki Dersler

- **Ro-ro Operasyon:** Bu dersin amacı ro-ro terminalleri, ro-ro terminalleri operasyonları hakkında bilgi vermektir. Ro-ro taşımacılığı, ro-ro gemileri, ro-ro terminallerinin fonksiyonları, ro-ro terminallerinin özellikleri, ro-ro gemilerinin planlama süreci, depolama ve park alanları, ro-ro yükleme/tahliye operasyonları bu dersin içeriğini oluşturmaktadır (WEB_26, 2013).

4.2.2.5 Sıvı Yük Operasyonları Fonksiyonundaki Mesleki Dersler

Sıvı yük operasyonları fonksiyonu ile ilgili özelleşen bir ders üniversitelerde bulunmamaktadır.

4.2.2.6 Liman Planlama, Raporlama ve Dokümantasyon Fonksiyonundaki Mesleki Dersler

- **Antrepo Rejimi:** Bu dersin amacı antrepo rejimini, antrepo iş ve işlemlerini anlatmak. Antrepo tipleri, genel antrepoları, özel antrepolar, antrepoya koyulabilecek eşyalar, antrepo işleticisi tarafından uyulması gereken kurallar, antrepo işletmecilerinin sorumlulukları, antrepolarda aranacak şart ve nitelikler, antrepo stok kayıtlarının tutulması bu dersin içeriğini oluşturmaktadır (WEB_26, 2013)

- **Gemi Kiralama ve Brokerlik:** Armatör, donatan, taşıtan, alıcı, gönderen birimleriyle ilgili temel kavramlar, tarafların sorumlulukları, brokerin rolü ve sorumlulukları, navlun sözleşmesi şartları ve içerikleri, navlun hesaplamaları, gemi kiralama şekilleri, yük ve gemi sirkülâsyonu, Hazırlık mektubu ve zaman sayımı, olgular tutanağı ve zaman çizelgesi, Starya-sürastarya hesaplamaları gibi konular bu dersin kapsamını oluşturmaktadır (WEB_25, 2013).

- **Deniz Meteorolojisi:** Dünyanın hareketleri, atmosfer, ısı, sıcaklık ve meteorolojik aletler; su buharı, yoğunlaşma ve nem; görüş, sis ve bulutlar; yağış ve meteorlar; hava basıncı ve hava yoğunluğu; atmosferin genel dolaşımı, küresel rüzgar sistemleri ve yerel rüzgarlar; hava kütleleri, cepheler, siklon ve antisiklonlar; deniz yüzey hava durumu gözlemleri, gemi sinoptik kodları, semboller ve istasyon modeli, kodların işlenişi, harita analizi bu dersin kapsamını oluşturmaktadır (WEB_25, 2013).

- **Gümrük Mevzuatı ve İşlemleri:** Denizcilik mevzuatı, Ulaştırma Denizcilik ve Haberleşme Bakanlığı ve işlevi hakkında bilgiler verilir. Port state kontrol (liman devleti kontrol) mevzuatı, liman devleti kontrolü, Akdeniz memorandumu, Karadeniz memorandumu, yönetmelikler ve sözleşmeler, liman yönetmelikleri, gemi adamları yönetmeliği, deniz acenteleri yönetmeliği, IMO (Uluslararası Denizcilik Örgütü) yönetmeliği ve sözleşmeleri hakkında bilgiler aktarılır. Tehlikeli atıklarla ilgili Basel Sözleşmesi, Akdeniz'in kirlenmeye karşı sözleşmesi, Barcelona Sözleşmesi, Karadeniz'in kirlenmeye karşı sözleşmesi (Bükreş Sözleşmesi), nükleer enerji alanında üçüncü taraf sorumluluğu sözleşmesi, balıkçılık alanında taraf olduğumuz uluslararası sözleşmeler, gümrük mevzuatı, gümrük rejimleri ve kuralları, gümrük bölgeleri bu dersin kapsamını oluşturmaktadır (WEB_24, 2013).

- **Denizde Ulaştırma Operasyonları ve Dokümantasyon:** Denizcilik işlemleri ve operasyonları hakkında genel bir fikir sahibi olmalarını sağlamaktır. Ayrıca öğrencilerin gemi acenteleri ve ilgili dokümantasyon işlemleri ve evrakları konusunda bilgi sahibi olması bu dersin ana amacını oluşturmaktadır (WEB_24, 2013).

- **Planlama:** Bu dersin amacı öğrencilere limanlarda ki operasyonların planlanmasını anlatmaktır. Gemi planlama süreci, rıhtım tahsisi, yüklerin planlaması, vinç ve personel dağılımının planlaması, depolama sahalarının planlaması bu dersin konularını oluşturmaktadır (WEB_26, 2013).

4.2.2.7 İş Makineleri Yönetimi Fonksiyonundaki Mesleki Dersler

İş makineleri yönetimi fonksiyonu ile ilgili özelleşen bir ders üniversitelerde bulunmamaktadır.

4.2.2.8 İş Güvenliği Çevre ve Kalite Fonksiyonundaki Mesleki Dersler

- **Denizde Güvenlik:** Gemide kullanılan terimler, gemi ve gemicilikle ilgili tanımlar, gemici bağları, halatlar. Geminin genel olarak yapısı, ırgat ve demir, pusulalar. Pusula okuma. Denizde çatışmayı önleme kuralları ile ilgili temel bilgiler. Fenerler ve şamandıralar. Temel denizde güvenlik eğitimi, can kurtarma gereçleri ve donanımları. Genel olarak deniz çevresinin korunması ve deniz kirliliğini önleme yöntemleri, Denizde kişisel sağ kalma eğitimi bu dersin konuları içinde yer almaktadır (WEB_25, 2013).

- **Temel İlk Yardım:** Hasta/yaralıların ihtiyaçlarının ve kendi güvenliğimiz için tehlikelerin denetlenmesi, vücudun yapısı ve işlevleri, hasta/yaralı/kazazedenin durumu, yara ve veya hastalığın yeri, kazazedeyi uygun konuma getirme, bilinci kapalı kazaya uğramış kişi, canlandırma tekniklerinin uygulanması, kanamanın kontrolü, temel şok yönetimi uygun önlemlerinin tatbiki, elektrik kazaları dâhil yanıklar ve haşlanmalarda uygun önlemlerin tatbiki, bir kazazedenin kurtarılması ve taşınması, acil durum takımındaki malzemenin ve bandajlar yerine geçebilecek diğer uygun malzemelerin kullanılması ve diğer ilk yardım temel eğitimleri bu dersin konusunu oluşturmaktadır (WEB_16, 2013).

- **Tehlikeli Yük Taşımacılığı:** Bu derste tehlikeli maddelerin tanımı ve sınıflandırılması yapılarak öğrencilerin tehlikeli maddeleri tanımaları sağlanır. Buna bağlı olarak öğrenciler patlayıcı maddeler, gazlar, yanıcı sıvılar, yanıcı katı maddeler, oksitleyici maddeler, zehirli ve iğrendirici maddeler, radyoaktif maddeler ve dağlayıcı maddeler konularında bilgilendirilir. Maddelerin tehlikelilik özellikleri üzerinde durularak bu maddelerin taşınması ve depolanmasında alınması gerekli önlemler belirtilir. Tehlikeli madde ile ilgili rizikoların oluşması durumunda mücadele yöntemleri ve acil ilk yardım konuları işlenir. Tehlikeli maddelerin taşınmasında uygun taşımacılık modlarının seçimi üzerinde durulur. Ayrıca tehlikeli maddeler tablo ve işaretlerinin kullanılışı, paketleme talimatları, paketleme özellikleri, işaretlenmesi, etiketlenmesi konuları üzerinde durulur ve tehlikeli maddeler için göndericinin ve taşıyıcının sorumlulukları kavratılır (WEB_24, 2013).

- **İş Güveliği ve İşçi Sağlığı:** Bu ders ile öğrenciye; iş güvenliğini sağlamak için gerekli olan yeterliklerinin kazandırılması amaçlanmaktadır. Bu derste ilkyardım, ilk yardım malzemeleri, kişisel emniyet sağlama, çalışanların emniyetini sağlama, iş ortamı güvenliği sağlama konuları işlenmektedir (WEB_26, 2013).

4.2.2.9 Satış, Müşteri Hizmetleri ve Tahakkuk Fonksiyonundaki Mesleki Dersler

- **Deniz İşletmelerinde Finansal Yönetim:** Öğrencilere bir yatırım hakkında karar verebilme, bir denizcilik işletmesinde yönetimin karar alabilmesi için gerekli olan maliyet hesaplamaları, deniz taşımacılığının maliyetlerinin belirlenmesi, maliyet kontrolü, maliyet - verimlilik standartlarının saptanması, incelenmesini öğretmek. Bu derste denizcilik finansmanında tarihsel süreç, gemi sicilinin yapısı, finansal sistemin yapısı ve özellikleri, deniz ticaretinde finansman, denizcilik sektörüne finans sağlayan kurumların çeşitleri, krediler ve kredi çeşitleri, ikinci el gemileri finans etme, yeni gemi inşa finansmanı, finansal kiralamalar, Türkiye'de denizcilik sektörüne ilişkin örnek finansman modeli, denizcilik sektörünün finansmanında kullanılan türev ürünler, denizcilik sektöründeki riskler, gemi hisselerinin riski ve şansı, gemi hisselerinde finansal incelemeler konuları öğretilmektedir (WEB_26, 2013).

- **Denizcilik Taşımacılığında Pazarlama:** Denizcilikte pazarlama kavramları, denizcilik pazarında karar verme, pazarlama kararlarına analitik yaklaşım, model kurma, karar verme teknikleri, pazarlama planı ve örgütlenmesi, uluslararası pazarlama kavramları, uluslararası denizcilikte pazarlama araştırması, uluslararası denizcilikte pazarlama planlaması, ürün kararları, fiyatlama karaları, dağıtım kanalları kararları, satış teşvik kararları, uluslararası pazarlamanın örgütlenmesi (WEB_24, 2013).

BÖLÜM 5 LİSANS VE ÖNLİSANS PROGRAMLARINDAKİ YETERLİLİK VE EKSİKLİKLERİN BELİRLENMESİ VE BİR MODEL ÖNERİSİ

5.1 Görüşmeler (Türkiye'deki limancılık eğitimleri ile ilgili görüşme soruları)

Türkiye'deki limancılık eğitimlerin değerlendirilmesi için 16 farklı limandan 40 beyaz yaka personele Ek A'daki görüşme sorularımızı yazılı olarak uyguladık. Bu uygulama ile ilgili sonuçları ise Tablo 5.1.1'de görülebilir.

Görüşme sorularımızın oluşturma yöntemi bölüm 3.2'de açıklanmıştır. Görüşme sorularının hazırlanmasında özellikle sektör profesyonellerinin eğitim ile ilgili görülerinin açıkça anlaşılacak şekilde cevaplayabilmesine dikkat edilmiştir ve fonksiyon bazında incelemeye de önem verilmiştir.

Tablo 5.1.1

Türkiye'deki limancılık eğitimleri ile ilgili görüşme soruları özeti

SORULAR	Kesinlikle Katılıyorum	Katılıyorum	Karasızım	Katılmıyorum	Kesinlikle Katılmıyorum
Ülkemizdeki önlisans düzeyindeki limancılık eğitimlerini yeterli buluyor musunuz?	0	3	9	24	4
Ülkemizdeki lisans düzeyindeki limancılık eğitimlerini yeterli buluyor musunuz?	0	10	13	15	2
Limanlarda etkinlik ve verimliliğe insan kaynaklarının etkisi var mıdır?	21	16	3	0	0

Limanlar için kalifiye iş gücü bulmakta zorlanıyor musunuz?	11	28	1	0	0
Limanlarda çalışanların müşteri memnuniyeti üzerine etkisi var mıdır?	30	10	0	0	0
Limanlarda çalışacak olan personellere işletme olarak eğitmek zorunda kalıyor musunuz?	21	18	1	0	0
Son yıllarda limancılık eğitimlerinin kalitesinin arttığını düşünüyor musunuz?	5	19	11	5	0
Limanları başarıya ulaştıran kaynaklar arasından insan kaynakları önemli midir?	22	18	0	0	0
İlgili bölümlerden yeni mezun olan bir çalışanın genel limancılık bilgisinin yeterli olduğunu düşünüyor musunuz?	0	3	9	25	3
İlgili bölümlerden yeni mezun olan bir çalışanın GENEL KARGO VE DÖKME YÜK OPERASYONLARI bilgisinin yeterli olduğunu düşünüyor musunuz?	0	2	9	23	6
İlgili bölümlerden yeni mezun olan bir çalışanın KONTEYNER OPERASYONLARI bilgisinin yeterli olduğunu düşünüyor musunuz?	0	3	6	29	2
İlgili bölümlerden yeni mezun olan bir çalışanın RORO OPERASYONLARI bilgisinin yeterli olduğunu düşünüyor musunuz?	0	1	12	24	3
İlgili bölümlerden yeni mezun olan bir çalışanın SIVI YÜK OPERASYONLARI bilgisinin yeterli olduğunu düşünüyor musunuz?	0	1	8	26	5
İlgili bölümlerden yeni mezun olan bir çalışanın PLANLAMA VE GÜMRÜK MEVZUATI bilgisinin yeterli olduğunu düşünüyor musunuz?	0	0	5	28	7
İlgili bölümlerden yeni mezun olan bir çalışanın İŞ MAKİNELERİ OPERASYONLARI bilgisinin yeterli olduğunu düşünüyor musunuz?	0	1	6	25	8
İlgili bölümlerden yeni mezun olan bir çalışanın İŞ GÜVENLİĞİ VE ÇEVRE bilgisinin yeterli olduğunu düşünüyor musunuz?	0	7	5	25	3
İlgili bölümlerden yeni mezun olan bir çalışanın SATIŞ VE MÜŞTERİ HİZMETLERİ bilgisinin yeterli olduğunu düşünüyor musunuz?	0	4	12	20	4

5.2 Lisans Programları Yeterlilikleri

Dana önce bahsedildiği üzere liman işletme fonksiyonu bir liman işlemesinde çalışan beyaz yaka personelin genel olarak bilmesi gereken konuları kapsayacak dersler olarak ele alınmıştır. Bu kapsamda yapılan görüşme ve gözlem değerlendirmeleri neticesinde bir limanda çalışan beyaz yaka personelin mesleki olarak aşağıdaki konular ile ilgili temel bilgileri bilmesi gerekmektedir. (Planlama ve organizasyon, pazarlama vs. gibi genel konular ele alınmamıştır.)

- Meteoroloji ve coğrafi bilgiler
- Temel hukuk
- Denicilik hukuku
- Deniz ticaret hukuku
- İş hukuku
- Sigortacılık
- Genel denizcilik bilgisi
- Bilgi sistemleri
- Yabancı dil
- Ekonomi, yatırım ve finansman
- Hizmet satış ve pazarlaması
- Liman operasyonları

İncelenmiş olunan lisans programlarında temel bilgiler, ekonomi, finansman, denizcilik tarih ve kültürü, bilgi sistemleri, denizcilik hukuku, deniz ticaret hukuku, sigortacılık ile ilgili derslerin mevcut olduğu görülmektedir. Bu dersler sayesinde yeni mezun beyaz yaka bir liman çalışanı gayet yeterli genel bilgilere haiz olmaktadır. Bu genel bilgiler sayesinde işletme içerisinde öğreneceği mesleki bilgileri bir temel üzerine oturtabilir ve tecrübe binası sağlam temeller üzerine kurulabilir.

Genel olarak lisans programlarında gemi stabilitesi, elleçleme ve istifleme ilkeleri ile ilgili temel dersler bulunmaktadır. Bu sayede elleçlenecek ürünler ile ilgili temel bilgileri liman beyaz yaka çalışanları elde edebilecektir. Gemilerin stabilitesi ile ilgili temel bilgilere sahip olmayan nice sektör çalışanı yanlış şekilde gemi elleçlemeleri yaparak yüklerin liman içerisinde veya seyir esnasında hasarlanmasına hatta gemilerin batmasına neden oldukları bilinmektedir. 2008 yılında TCDD Derince Limanı'nda Panama bandıralı 700 grostonluk "Dimitrios P" adlı kuru yük gemisi, çelik ürünlerin yüklenmesi sırasında dengesi bozularak su almaya başlamıştır ve 45 metre uzunluğundaki gemi yaklaşık 15 dakikada içerisinde limanda yanaşık iken batmıştır (WEB_27). Bu örnek operasyonu yönetecek olan lisans mezunu sektör çalışanlarının stabilite bilgisine ne kadar ihtiyaç duyduğunun bir göstergesidir.

İş güvenliği çevre ve kalite konuları ne yazık ki ülkemizde önemi çok geç fark edilen konuların başında gelmektedir. Limancılıkta iş güvenliği ve çevre açısından 90'lı yıllara göre çok büyük aşama kat etmemize rağmen Avrupa limanlarına kıyasla bu konuda oldukça geride bulunmaktayız. Ülkemizde 4857 Sayılı İş Kanunu'nun Beşinci Bölümü İş Sağlığı ve Güvenliği 'ne ayrılmıştır. Bu bölümde; iş sağlığı ve güvenliği konusunda işçilerin ve işverenlerin yükümlülükleri, işyerinde iş sağlığı ve güvenliğine aykırı bir durumun tespiti halinde işyerinin kapatılması veya işin durdurulması, iş sağlığı ve güvenliğinin işyeri seviyesinde örgütlenmesi (iş sağlığı ve güvenliği kurulu, işyeri sağlık birimleri ve işyeri hekimi, iş güvenliği ile görevli mühendis veya teknik elemanlar, sağlık ve güvenlik işçi temsilcisi), çalışma hayatında kadın ve çocuk işçilerin korunmasına yönelik hükümler bulunmaktadır. Limanlarda yönetici adayı veya yönetici olarak çalışan bir personelin bu konularda bütün işletme genelinde örnek davranışlar sergilemesi ve bu konularda sorumlulukları olduğunun bilincinde olması gerekmektedir. Lisans bölümlerimizde de bu konuda farklı isimler altında dersler bulunmaktadır. Aynı şekilde bu dersler çevre ile ilgili konuları da kapsamaktadır. Devletimizin de çevre ile ilgili cezaları arttırması ile liman işletmelerinin de bu konuya verdikleri önem paralel olarak artmıştır. Yeni nesil limancıların bu dersler ile iş güvenliği ve çevre bilincini daha çok içine sindirmiş olacağı görülmektedir.

Özellikle fabrika iskele ve limanlarının çok bulunduğu ülkemizde liman işletmelerinde çalışan beyaz yaka personellerin navlun sözleşmesi klozlarına hakim olması gerekmektedir. Sadece limancılık üzerine bir bölüm olmaması sebebi ile incelemiş olduğumuz Deniz Ulaştırma İşletme Mühendisliği ve Deniz İşletmeleri Yönetimi bölümlerinde bu konular üzerine gemi kiralama ve benzer isimler altında kapsamlı dersler bulunmaktadır. Bu derslerin içeriğinde gemi kiralama işinin gereği olarak navlun sözleşmeleri çok detaylı olarak incelenmektedir. Bu aşamada ayrı bir limancılık lisans programı olmaması sektörde çalışacak personelin bu bilgileri daha detaylı bilmesine yardımcı olmaktadır.

5.3 Lisans Programları Eksiklikleri

Yapılan görüşmeler neticesinde "Ülkemizdeki lisans düzeyindeki limancılık eğitimlerini yeterli buluyor musunuz?" sorusuna cevaplayan sektör profesyonellerimizden %38'i katılmadığını, %5'ü ise kesinlikle katılmadığını beyan etmiştir. Bununla birlikte "Limanlarda çalışacak olan personellere işletme olarak eğitmek zorunda kalıyor musunuz?" sorusuna ise %52'ü kesinlikle katıldığını, %45'ü ise katıldığını beyan etmiştir. Görüşülmüş olunan sektör profesyonelleri aynı zamanda son yıllarda limancılık eğitimlerinin kalitesinin artması ile ilgili ise genel olarak katıldıklarını bildirmişlerdir. Bu bilgiler sektörün lisans düzeyinde limancılık eğitiminin son yıllarda kalitesinin artış gösterse de sektör ihtiyaçları açısından yeterli gelmediğini göstermektedir.

İncelenen lisans programlarında "Liman ve Terminal Operasyonları" adı altında veya benzeri isimlerle genel dersler bulunmakta olsa da genel kargo, konteyner ve ro-ro operasyonları ile ilgili uzmanlaştırılmış dersler ne yazık ki bulunmamaktadır. Bununla birlikte "Liman ve Terminal Operasyonları" dersleri ne yazık ki seçmeli olarak verilmektedir. Henüz liman sektörü gerekliliklerinin farkındalığına varmayan öğrenciler bu dersi almadan mezun olabilmektedirler ve liman operasyonları hakkında hiçbir bilgi sahibi olmadan sektörde işe başlayabilmektedirler.

İşin doğası gereği bir liman işletmesinde sektör ile ilgili bölümlerden mezun olan öğrencilerin büyük bir çoğunluğu operasyon departmanında çalışmak durumundadır. Bu sebeple operasyonlar hakkında temel bilgilere sahip olmayan bir yönetici veya yönetici adayı sektörün ilk yıllarında büyük zorluklar yaşayacağı aşikardır.

Genel kargo olarak adlandırdığımız parça, dökme ve proje yüklerde kullanılacak ekipman ve malzemeye kadar çok detay bilgilere ihtiyaç duyulmaktadır. Genel kargo operasyonlarından malzeme cinsine göre kullanılacak sapan, kilit vs. gibi malzemelerin özellikleri, personel sayıları, dökme yüklerin özellikleri, gemi sonu temizliklerindeki incelikler, proje kargolarda dikkat edilmesi gereken noktalar kesinlikle öğrenilmelidir.

Bu bilgilerin bir çoğunun tecrübe ile öğrenilmesi gerekse bile ilgili bölümlerden mezun olan bir öğrencinin en azından bu konular ile ilgili temel bilgilere hakim olması gerekmektedir. Ancak görüşme sorularımızda genel kargo ve dökme yük operasyonlarının yeterliliği ile ilgili sektör profesyonellerinin %72'si yeterliliğine katılmadığını veya kesinlikle katılmadığını beyan etmiştir.

Günümüzde her geçen gün daha da önem kazanan konteyner operasyonları ise artık neredeyse tamamen özel programlar ile otomatize olmaktadır. Görüşme yapılan sektör profesyonellerinin %77's son yıllarda popülerliğini iyice arttıran konteyner operasyonları ile ilgili eğitimlerin yeterliliğine katılmadıklarını veya kesinlikle katılmadıklarını söylemektedirler. Konteyner operasyonları oldukça karışık algoritmalar içermektedir. Tamamen konteyner operasyonlarına özel iş makineleri ile çalışılan bu operasyonlarda ekipmanların da özelliklerinin bilinmesi çok önemlidir. Konteyner gemi operasyonlarında ise geminin teknik özelliklerinin bilinmesi bir konteyner gemisinin istif sıralarının öğrenilmesi, lashing işlemlerinin nasıl ve ne şekilde yapıldığının bilinmesi gerekmektedir. Bunların haricinde saha kısmında sahanın planlanması, planlanan sahada en az aktarma olacak şekilde ihraç, ithal ve transit konteynerlerin istiflenmesi gerekmektedir. Saha ve gemi planlamalarında optimum düzeyde verim alabilmek adına ciddi matematiksel modellemeler yapılmalıdır. Hatta günümüzde birçok büyük liman saha modellemesi için danışman firmalardan yardım almaktadır. Büyük bir bilgi ve tecrübe birikimi ile yönetimi sağlanabilecek bu fonksiyonunda da temel bilgilere sahip olmadan sektör içerisinde yer edinmek yeni sektöre atılacak mezun çalışanlar açısında oldukça zorluklara yol açmaktadır.

Türkiye İhracatçılar Meclisi verilerine göre 2013 yılında otomobil endüstrisi toplam ihraç edilen emtialar arasında %14'lük pay ile ilk sırada yer almaktadır (WEB_28). Son yıllarda Türkiye, Avrupa ve Akdeniz pazarına ciddi oranlarda otomobil ihraç etmektedir. Sektör genelinde yatırım maliyeti düşük olan ro-ro limanları bilinçli ve tecrübeli personeller ile yüksek karlılık ile çalışılabilecek bir konumdadır. Birçok liman ro-ro operasyonlarını geliştirmeye çalışmakta hatta ro-ro işinde uzmanlaşan limanlar açılmaya başlanmaktadır. Otomobil sektörü ihraç emtialar arasında en üst seviyede limancılık sektörü ro-ro operasyonlarında kendini geliştirmeye çalışmakta iken ne yazık ki üniversitelerde bu sektörün liman operasyonları ile ilgili özelleşmiş bir ders bulamadık. Bu sebeple ki görüşme yapılan sektör profesyonellerinin %67'si de ro-ro operasyonları ile ilgili eğitimlerin yeterli olmadığına katıldıklarını veya kesinlikle katılmadıklarını beyan etmişlerdir.

Limancılık sektörünün her geçen gün makineleşmesi ile limanlardaki iş makineleri birimleri de en kritik fonksiyonlardan biri haline gelmiştir. İşe uygun ekipman ve işte uzman operatör ile çalışmak yapılan operasyonların verimliliğini ve etkinliğini doğrudan etkilemektedir. Dolayısı ile liman içerisindeki her birime hizmet veren bir iç tedarikçi gibi çalışan iş makineleri fonksiyonunda bulunan bir yönetici personel liman genelindeki bütün operasyonlar hakkında bilgi sahibi olması gerekmektedir. Ancak sektörde olduğu gibi üniversitelerde de bu birime gereken önemin verilmediği görülmektedir. Üniversitelerde bu konu ile ilgili ne yazık ki herhangi bir ders bulunmamaktadır. Görüşmüş olduğumuz sektör profesyonellerinin %82'si iş makineleri ile ilgili eğitimin yeterliliği konusunda olumsuz yanıt vermiştir.

Çevre, denizde güvenlik ve iş sağlığı ile ilgili üniversitelerimizde zorunlu ve seçmeli dersler bulunmaktadır. Ancak sadece bir üniversitede deniz güvenlik ile ilgili dersin zorunlu olduğu, aynı şekilde temel ilk yardım dersinin sadece bir üniversitede zorunlu olarak okutulduğu görülmektedir. Bu derslerinde üniversitelerde zorunlu olarak okutulması gerektiği düşünülmektedir. Zira liman, tersane gibi birçok denizcilik işletmesi ağır iş kolu sınıfında işletmelerdir. Günümüzde her ne kadar istenilen düzeye gelmiş olmasa da devletimizin iş güvenliği ile ilgili kontrolleri ve cezaları artmıştır. 2012 yılında Tekirdağ limanından feribot tahliyesi esnasında denize düşen araç ile ilgili yapılan soruşturma aralarında Tekirdağ Liman İşletmeleri Müdürü'nün de bulunduğu 4 kişinin tutuklanması ile sonuçlanmıştır (WEB_29). Sosyal Güvenlik Kurumu istatistiklerine göre 2012 yılında Türkiye'de toplam 744 adet ölümlü iş kazası olmuştur, bu kazalardan 16 tanesi su yolu taşımacılığında dahil olmak üzere taşımacılık için olan depolama ve destek faaliyetlerde gerçekleşmiştir (WEB_30). Bu veriler de limancılık faaliyetlerinin iş güvenliği konusunda ne kadar kritik olduğunu göstermektedir. Liman faaliyetlerinde tek adette en düşük elleçlenen tonaj yaklaşık 500 kg civarındadır. Bu ağırlıkta çarpma gibi durumlarda bir emtiaya ya da bir insana ciddi zararlar verebilecek çaptadır. Yukarıda bahasedilen istatistik ve vakalardan da anlaşılacağı üzere liman işletmelerinde yönetici olarak çalışacak olan lisans mezunlarının konu ile ilgili çok bilgili ve dikkatli olması gerekmektedir. Aksi durumlarda maddi hasarlı, yaralanmalı ve hatta ölümlü kazalar ile sonuçlanabilir. Bu kazalar sonucu da kişilere tutuklama kararları çıkabilmektedir. Bununla birlikte limanların çevre duyarlılığı ile ilgili başlatılan "Yeşil Liman" projeleri devam etmektedir. Önümüzdeki yıllarda daha da önem kazanacak olan karbon ayak izi ve yeşil liman projeleri ilerleyen senelerde özellikle dünya çapındaki büyük firmaların belki de zorunluluk getireceği bir sertifika olacaktır. Bu denli önemli olan ve önemi gün geçtikçe artan bu konu ile ilgili de üniversitelerimizde herhangi bir ders ne yazık ki bulunamamaktadır.

Deniz ticareti ile ilgili genel bilgiler liman işletme fonksiyonundaki genel dersler içerisinde de mevcuttur. Hizmet pazarlaması ile ilgili ders bir üniversitemizde seçmeli olarak bulunmakta, diğer üniversitelerde pazarlama adı altında dersler bulunmaktadır. Ücretlendirme ve faturalandırma sürecini içeren ise hiçbir ders üniversitelerde bulunmamaktadır

5.4 Önlisans Programları Yeterlilikleri

Limanlarda deniz ve liman işletmelerinden mezun olanların çalışabileceği pozisyonlar aşağıdaki açıklamaları ile birlikte sıralanmıştır.

Sapancı: Sapancılar limanlarda İş sağlığı ve güvenliği standartlarına uyun olarak yükleme, boşaltma operasyonları sırasında ve bu operasyonların gerçekleşmesi sırasında uygun aparatları emniyetli bir şekilde takmak, çıkarmak ve kullanmaktan sorumludurlar. Bununla birlikte operasyon esnasında kullanacağı ve kullandığı tüm ekipmanları gözle görülebilen kısımlarını kontrol eder, özelliğini yitiren ekipmanları bir üst amirine bilgi verir, tüm yüklemeler sonrasında gerekli lashing işlemlerini yapmaktadırlar. Sapancılar özellikle iş sağlığı ve güvenliği konularına azami dikkat etmeleri gerekmektedir. Yapılan işin gereği olarak kazaların birçoğunda sapancılar rol almaktadır. Limanlarda çalışacak olan sapancıların yükseklik korkusu olmamalı, yüzmeyi bilmeli, ağır ve tehlikeli işlerde çalışabilir şeklinde raporu olmalıdır. Daha çok ilköğretim mezunu kişilerin çalıştığı bu pozisyon ön lisans mezunu kişilerin tecrübe kazanana kadar yapmış oldukları bir pozisyondur.

Serdümen: İş sağlığı ve güvenliği standartlarına uygun olarak, gemi vinçleri ve diğer mobil vinçlerin operatörlerinin gemi ambarı veya malzemeyi görememeleri durumunda telsiz ve uluslararası kabul görmüş el işaretleri ile onları yönlendirerek malzemenin hasarsız ve kazasız olarak yüklenmesini ve tahliye edilmesini sağlamakla görevlidirler. Mobil vinç, gemi vinci veya benzeri iş makinelerinin çalışması esnasında operatörün malzemeyi ve çalışan insanları görmediği durumlarda telsiz ve uluslararası kabul görmüş el işaretleri kullanarak yükleme ve boşaltma işlemlerinin kazasız ve hasarsız olarak gerçekleşmesini sağlamak/aracı olmak temel yükümlülüklerindendir. Gemi ambarında veya dışarıda bulunan insanları muhtemel tehlikelere karşı uyarmak ve ikaz etmek (operasyon sahası içindeki personel veya şahısları ikaz etmek/uyarmak) Amirinin bilgisi dahilinde eğitim aldığı ve/veya yetkin olduğu işleri yapmak(sapancılık ve LSD işlemleri). Vardiya değişimlerinde diğer serdümenlere vardiyasındaki operasyonlar ile ilgili bilgileri aktarmak. Gemilerde yapılan operasyonlarda emniyetli hareket için operatör ile etkin iletişim ve gerekli yönlendirmeyi sağlamak serdümenin görevleri arasındadır.

Serdümenler bir nevi usta sapancılardır, genellikle tecrübe kazanan ve işaret vermeye istidadı olan sapancılar arasından seçilir. Bu seçim sonrasında ve öncesinde personel için gerekli sertifikalar ve eğitimler verilir. Tercihen en az lise mezunu olan kişilerden seçilmektedir. Bu pozisyon için aranan özellikler şunlardır; yükseklik korkusu olmamalı, yüzmeyi bilmeli, ağır ve tehlikeli işlerde çalışabilir şeklinde raporu olan, temel teknik ve ekipman bilgisi olması.

Puantör: Temel görevleri iş sağlığı ve güvenliği standartlarına uygun olarak operasyonların yürütülmesini sağlamak ve bu süreç içerisinde tutulması gereken kayıtları usulüne uygun tutmak, kontrol etmek ve muhafazasından sorumlu olmaktır. Bununla birlikte liman operasyon sahalarına tahliye edilen, giren ve çıkan konteyner, ro-ro ve genel kargo mallarının operasyonlarını tam, doğru, zamanında, hasarsız ve planlanan şekilde yapılmasını sağlayarak bununla ilgili puantaj formunu, yükleme fişi tanzim etmek ve kendisine teslim edilen RF terminalleriyle veri girişini doğru şekilde yapmak. Limana gelen gemilerin gemi ambarına yüklenen ve tahliye edilen konteyner, ro-ro ve genel kargo yüklerinin kargo planına uygun olarak yüklenmesi ve tahliye edilmesini sağlamak ve bununla ilgili bilgileri ilgili formlara ve/veya RF terminaline tam ve doğru olarak girmek. Limandan gelen ve karayolu ile tesislerimize giren konteyner, ro-ro ve genel kargo yüklerinin hasar durumlarını tespit etmek varsa hasar tutanaklarını tanzim edip gemi kaptanına veya getiren araç şoförüne imzalatmak. Liman operasyon sahalarından tahliye edilen veya yüklenen genel kargo yüklerinin özelliklerini içeren etiketlerini kontrol etmek, RF terminali kullanarak barkodlamasını yapmak mevcut çeki listelerine göre uymayanları tespit edip vardiya amirine bildirmek.

Liman operasyon sahalarından yüklenen, tahliye edilen konteynerlerin mevcut tahliye ve yüklemelerine göre numaralarını, mühürlerini, hasar, IMDG etiketlerini ve boş konteynerlerin temizliklerini kontrol etmek ilgili formları doldurmak ve vardiya amirlerine konu ile ilgili bilgi vermek puantörün görevleri arasındadır. Puantörler ön lisans mezunu birinin asıl kendini yetiştireceği bir iş düzeyidir. Limanlar dahilinde bir çok ön lisans mezunu çalışan bu pozisyonda istihdam edilmektedir.

Puantörler genellikle meslek yüksekokulu mezunlarından seçilir ve sektörde en az 2 yıllık tecrübe aranmaktadır. Bu personellerin yüzme bilmesi, yükseklik korkusu olmaması, vardiyalı çalışabilmesi, ağır ve tehlikeli işlerde çalışabilir belgesi olması, temel teknik ve ekipman bilgisi olması, orta düzeyde bilgisayar ve ofis programları kullanması RF kullanma becerisinin olmasına dikkat edilir. Tercihen orta düzeyde İngilizce bilmesi de personeli seçim esnasında büyük bir avantaj sağlayacaktır.

Vardiya Amiri: Operasyon yöneticisine bağlı olarak operasyon alanlarında yürütülen operasyonların vardiyalarında; ekipleri, iş makineleri ve ekipmanları, operasyon sahalarını ve terminal trafiğini organize etmek, vardiyaları iş sağlığı ve güvenliği, çevre ve kalite standartları ile mevzuatlara, iş talimatlarına uygun olarak yönetmek ve gece vardiyalarında limanın idari yönetimine vekalet etmek ve vardiyadaki ekibi yönetmek. Vardiya raporunu değerlendirmek. Bir sonraki vardiyanın ekiplerin periyodik vardiya çizelgesinin hazırlanmasını sağlamak. Vardiya ekiplerini oluşturmak. Vardiyada yer alacak posta, ekip ve işçi sayılarını bir sonraki vardiya amirine bildirmek. Vardiyayı devretmek. Ekiplerin sağlık ve işyeri hekimi sevk işlemlerini gerçekleştirmek. Ekiplerin rapor ve devam durumunu takip etmek ve günlük ve yıllık izinlerini düzenlemek. İstendiğinde operasyon planlama toplantılarına iştirak etmek. Acente ve gemi ile liman operasyon birimi arasında bilgi akışı sağlamak. Operasyon planını değerlendirmek. Hava raporlarını değerlendirmek. Rıhtım, iskele ve terminal sahasına ekip ve ekipmanları dağıtmak. Operasyon alanı içindeki araç trafiğinin düzenlenmesini sağlamak. 3.şahısların güvenlik ile koordine ederek içeri alınmasını sağlamak ve operasyon süresi boyunca bu kişilere işçi sağlığı ve iş güvenliği kapsamında bulunması gereken yerleri göstermek ve gerektiğinde sözlü ikazlarda bulunmak. Kullanılacak ekipmanı belirlemek. İş makineleri ve ekipmanların plana uygun şekilde sahaya, iskele ve rıhtıma yerleştirilmesini sağlamak. Ekipman arızalarını ilgili birime bilgisini vermek. Konuyla ilgili amirine bilgilendirmek. Çalışanlarının donanım ve sarf malzemesi ihtiyaçlarını belirlemek ve giderilmesini takip etmek. Operasyon planlaması dışında, beklenmedik durumlarda önlem alınmasını sağlamak. Sahalardaki 3çü şahısların operasyon sahalarında işlerini olmadığı noktalarda bulunmalarını engellemek. İş dağılımı yapmak. Gerektiğinde operasyonun durumuna göre revize etmek.

Operasyonlarda acente, gümrük, gözetim çalışanları ile oluşabilecek aksaklıkları gidermek (Liman yönetimine vekalet halinde iken yapar). Taşeronla ilgili sorunların çözümüne katkı vermek. İş kazalarında tutanak tutmak. İş kazası durumunda talimatta yer alan sorumlulukları yerine getirmek.

Vardiya ekibini yönetmek (Eğitim ihtiyaçlarını tespitine katkı vermek, niteliklerine uygun işlerde görevlendirilmelerine katkı yapmak, vardiya çizelgesinin oluşumuna katkı vermek, performanslarını değerlendirmek, ödül ve disiplin işlemlerine katkı vermek) Mesleki Gelişim uygulamalarını desteklemek. (Vardiya brifingi vermek, iş başı eğitimine katkıda bulunmak, saha çalışanlarının kariyer planına katkıda bulunmak, mesleki gelişim faaliyetlerine iştirak etmek, alanı ile ilgili mevzuat değişikliklerini takip etmek.)

Vardiya amirleri başarılı bir ekip yönetme kabiliyetine sahip olan, ikna kabiliyeti güçlü, hedeflere yönelik işleri organize edebilen, planlama ve organizasyon becerileri yüksek, takipçi personellerden seçilmektedir. Genellikle sektörde en az 4-5 yıl tecrübesi olan ve yukarıda saydığımız yetenekleri olan puantörler arasından seçilmektedirler.

Diğer Pozisyonlar: Yukarıda açıklamış pozisyonlar haricinde liman içerisinde deniz ve liman işletmeciliği ön lisans mezunları kayıt elemanı, kantarcı, faturalama elemanı gibi görevlerde de çalışabilmektedirler. Bu görevlerde yukarıda sayılan görevlerden puantör ile yaklaşık olarak aynı özelliklerde personeller çalışmaktadırlar. Ancak limanlarda bu pozisyonlarda çalışan sayıları yukarıda açıkladığımız pozisyonlara oranla oldukça düşük sayıdadır.

Yapmış olduğumuz açıklamalardan da anlaşılacağı üzere ön lisans mezunu bir personelin çalışacağı görevlerde bir hedef çizmek veya ileriye dönük plan yapmak yerine verilmiş bir hedefe yoğunlaşarak çalışmak ve/veya verilmiş bir hedefe göre organizasyon yapmak üzerinedir. Buna göre deniz ve liman işletmeciliği ön lisansından mezun olan bir öğrenciden beklenilecek bilgiler aşağıdaki gibidir.

- Meteoroloji ve coğrafi bilgiler
- Temel hukuk
- İş hukuku
- Genel denizcilik bilgisi
- Yabancı dil (orda düzeyde)
- Liman operasyonları (lisans programına göre daha temel düzeyde)

Yukarıda yapılan incelemeler neticesinde liman işletmeleri ile ilgili genel bilgi verecek olan liman işletmeciliği ve yönetimi vb. isim altında ekonomik, politik, tarihi bilgileri içeren dersler üniversitelerde yeterli sayıda bulunduğu değerlendirilmektedir. Bu derslerin içerikleri liman işletmesinde çalışacak olan öğrencilere genel bir bilgi sağlayacaktır.

Bununla birlikte genel gemicilik bilgilerinin bulunduğu "gemi ve liman bilgisi" dersi ile "yük işlemleri ve gemi stabilitesi" dersleri öğrencilere gemiler ve temel elleçleme araçları ile teknikleri hakkında bilgi sahibi olmalarını sağlayacaktır.

Gemi kiralama, denizcilikteki sözleşmeler ve dokümantasyonlar konuları ile ilgili olarak üniversitelerde zorunlu ve seçmeli dersler bulunmaktadır. Özellikle fabrika limanlarının çoğunlukta olduğu ülkemizde kiralama sözleşmeleri limancılar için oldukça önem kazanmaktadır.

Tamamen gümrük mevzuatı kuralları içerisinde işletilmesi gereken limanlarda çalışacak olan personelinin gümrük mevzuatına mutlaka aşina olmaları gerekmektedir. Bu sebeple her üniversitede bu dersin zorunlu olması gerektiği düşünülmektedir. Birçok üniversitede de konu ile ilgili dersler öğrencilere okutulmaktadır.

5.5 Önlisans Programları Eksiklikleri

Sektör profesyonelleri ile yapılan görüşmelerde, görüşmecilerin %60'ı limancılıkla ilgili önlisans eğitimlerinin yeterliliğine katılmadığını, %10'u ise kesinlikle katılmadığını bildirmiştir. Lisans eğitimleri ile karşılaştırıldığında önlisans programlarının sektör tarafından daha yetersiz olduğu görülmektedir. Hali hazırda Türkiye'nin en büyük sorunlarından biri olan yetişmiş ara eleman sıkıntısı limancılık sektöründe de gözlemlenmektedir. Görüşmecilerimizin %97'si kalifiye iş gücü bulmakta zorlandıklarını ve işletme olarak personelleri eğitmek zorunda kaldıklarını beyan etmişlerdir. Görüşme yapılan 40 liman profesyoneli tarafından "Kalifiye iş gücü bulmakta zorlanıyor musunuz?" ve "İşletme olarak personelleri eğitmek zorunda kalıyor musunuz?" sorularına katılmıyorum veya kesinlikle katılmıyorum şeklinde yanıtlamamıştır. Bu veriler önlisans seviyesinde limancılık eğitimlerinin sektör tarafından çok eksik olduğu düşünüldüğünü göstermektedir.

Üniversitelerde genel kargo ve dökme yüklerle ilgili yük işlemleri dersi olmakla birlikte bu ders son derece genel kapsamlıdır ve her üniversitede zorunlu olarak okutulmamaktadır. Bu derslerin üniversitelerde kesinlikle zorunlu olarak okutulması ve içerisinde LSD gibi konuları da kapsayacak şekilde genişletilmesi gerekmektedir. Zira son yıllarda konteyner taşımacılığı artmış olsa da ülkemiz limanlarının birçoğu (özellikle fabrika limanları) genel kargo ve dökme yükler üzerine çalışmaktadırlar. Özellikle kullanılan ekipman bakımından çok çeşitli olan genel kargo yüklerinde ekipmanların tanınması, yüke uygun ekipman kullanımı gibi konular hem iş güvenliği açısından hem de limanın etkinlik ve verimliliği açısından oldukça önemlidir. Bir örnek vermek gerekirse herhangi bir yüke yanlış yerinden sapan bağlamak veya uygun olmayan bir sapan kullanmak herhangi bir kazada maddi hasarlı sonuçlar doğurabileceği gibi aynı zamanda ciddi yaralamalı hatta ölümlü kazalara yol açabilmektedir.

Günümüzde hemen hemen her yük konteynerize olmaktadır. Konteyner taşımacılığının başladığı ilk yıllarda sadece paletli yükler konteynerlere yüklense de günümüzde hacmi yüksek makineler, dökme yükler, sıvı yükler (özel konteynerlerde) ve hatta otomobiller gibi çok çeşitli yük gurupları da konteyner ile taşınmaktadır. Üretim fabrikalarının depolama ve envanter maliyetlerini düşürmek adına "just in time" çalışma sistemine geçmeleri ile yığın taşımalar azalmış; bunun yerine daha küçük partiler ile sık sık taşımalar artmıştır. Bunun bir sonucu olarak konteyner işi gün geçtikçe hızlanmaktadır. Ancak denizciler yığın taşma ile kazanç sağlamaktadırlar ve çok sayıda ama az nicelikte malzemeyi ancak iyi bir seperasyon ile birleştirebilirler. Bunun da en güzel örneği konteyner taşımacılığıdır. Önlisans programları incelendiğinde bu fonksiyon ile ilgili bütün üniversitelerde bir ders bulunmadığını gözlemlenmiştir. Liman işletmelerinde ara personel yetiştirmek üzere kurulmuş olan önlisans düzeyindeki programlarda mutlaka bu fonksiyona ait daha fazla ders olması gerekmektedir.

İncelenen üniversitelerde ro-ro operasyonları ile ilgili sadece bir üniversitemizde önlisans düzeyinde ders bulunmamaktadır. Ülkemiz açısından kritik bir sektör olan otomotiv sektörü gelişmesine önemli katkı sağlayacak olan limanların da bu gelişmeye paralel olarak kendisini geliştirmesi gerekmektedir. Ancak üniversitelerin bu konuya gerekli önemi vermediği gözlemlenmiştir.

Tamamen uzmanlık gerektiren sıvı yük operasyonlar ile ilgili üniversitelerimizde okutulan zorunlu veya seçmeli ders bulunmamaktadır.

Özellikle sahada daha fazla zaman geçirecek, hatta tümüyle sahada çalışacak personel yetiştirmeyi amaçlayan önlisans programlarında çevre, iş sağlığı ve iş güvenliği ile ilgili derslerin daha yoğun olarak verilmesi gerekmektedir. Kazaya uğrama riskini üzerinde taşıyan bu çalışanlara iş sağlığı ve güvenliğinin önemini belirtecek; kendilerini ve/veya altında çalıştırdıkları personelleri bu konuda uyararak kazaların önüne geçebilecek nitelikte ve kalitede eğitim verilmesi gerekmektedir.

5.6 Lisans ve Önlisans Programları Model Önerisi

Önceki bölümde lisans ve önlisans seviyesinde eğitim veren denizcilik bölümlerimizin sektör profesyonellerinden alınan geri bildirimler ile yeterlilik ve eksiklikler incelenmiştir. Bu bölümde tespit edilen eksikliklerin giderilmesi için limancılık fonksiyonları da göz önüne alınarak okutulması gereken dersler ve uygulamalar geliştirilerek değerlendirilmiştir. Her ne kadar kapsamımız dışında olsa da Yüksek Öğretim Kurumu tarafından okutulması zorunlu olan dersler de liste olarak verilmiştir.

5.6.1 Lisans Programları Model Önerisi

Lisans programlarının yeterlilik ve eksikliklerini ile ilgili yapılan inceleme sonucunda aşağıda belirtilen derslerin program kapsamında uygulanması sektör ihtiyaçları göz önünde bulundurulduğunda çok faydalı olacaktır.

Aşağıda listelenen derslerin içeriklerinin bir kısmı birleştirilmiştir. Bu birleşimin sebebi incelenen bölümlerin sadece liman işletmelerine personel yetiştirmeyi amaçlamamış olmasıdır. İncelenen bölümler liman işletmeleri ile birlikte acente, tersane, gemi kiralama gibi diğer denizcilik işletmelerine de personel yetiştirmeyi hedeflediği için sadece liman işletmelerini hedefleyen detaylı birçok ders listelemek hayali olacaktır.

Deniz Ulaştırma İşletme okuyan lisans öğrencileri için üçüncü ve dördüncü sınıftan itibaren limancılığa yönlendirilecek seçmeli dersler koyulması önerilmektedir. İkinci sınıfı bitiren bir lisans öğrencisi bölümünde limancılık opsiyonunu seçerek detaylı operasyon dersleri alabilmelidir. Örneğin ikinci sınıfta yük elleçleme ve istifleme ilkeleri dersini alan ve limancılık opsiyonunu bir öğrenci üçüncü ve dördüncü yıllarında aşağıda belirtilen detaylı operasyonel dersleri alabilmelidir.

Aşağıdaki dersler incelenirken, charter sözleşmeleri, insan kaynakları, tehlikeli yük taşımacılığı, ilk yardım gibi içerisinde limancılık için faydalı olacak ancak tam olarak limancılık ile ilgili olmayan dersler listeye eklenmemiştir. Bu ve benzeri dersler diğer denizcilik işletmeleri için gerekli olduğu için bölümlerde hali hazırda okutulmaktadır ve okutulması gereklidir.

Tablo 5.6.1.1

Limanlara Personel Yetiştirmeyi Amaçlayan Lisans Programları İçin Mevcut Ve Önerilen Dersler

LİMANLARA PERSONEL YETİŞTİRMEYİ AMAÇLAYAN LİSANS PROGRAMLARI İÇİN MEVCUT VE ÖNERİLEN DERSLER						
ZORUNLU DERSLER	LİMAN İŞLETME LİMAN İŞLETME FONSİYONU İŞ GÜVENLİĞİ ÇEVRE VE KALİTE FONKSİYONI		OPERASYONEL DERSLER LİMAN PLANLAMA, RAPORLAMA VE DOKÜMANTASYON FONSİYONU KONTEYNER OPERASYON FONKSİYONU GENEL KARGO VE DÖKME YÜK OPERASYONLARI FONKSİYONU RORO OPERASYON FONKSİYONU İŞ MAKİNELERİ YÖNETİMİ FONKSİYONU SIVI YÜK OPERASYONLARI FONSİYONU		TİCARİ DERSLER SATIŞ VE MÜŞTERİ İLİŞKİLERİ FONKSİYONU	
MEVCUT DERSLER	MEVCUT DERSLER	ÖNERİLEN DERSLER	MEVCUT DERSLER	ÖNERİLEN DERSLER	MEVCUT DERSLER	ÖNERİLEN DERSLER
Atatürk İlkeleri ve İnkılap Tarihi	Deniz İşletmeciliğine Giriş	Lojistik ve Deniz Taşımacılığı	Yük Elleçleme ve İstifleme İlkeleri	Liman Operasyonları 1 (Planlama ve Dokümantasyon, Sıvı Yük)	Deniz Ticaretine Giriş	Ekonomi, Yatırım ve Finansman
Türk Dili ve Edebiyatı	Denizcilik Politikaları	Denizcilik Tarihi ve Kültürü	Terminal Operasyonları ve Yönetimi	Liman Operasyonları 2 (İş Makineleri, Roro)	Hizmet Pazarlaması	Hizmet Pazarlaması ve Müşteri Hizmetleri
Yabancı Dil	Denizcilik Tarihi ve Kültürü	Liman Terminal İşletme Yönetimi	Gemi Yük Operasyonları	Liman Operasyonları 3 (Genel Kargo ve Dökme Yük)	Deniz Taşımacılığı Yatırım ve Finansmanı	
	Liman İşletmeleri Yönetimi	Hukuk temelli dersler	Konteyner Sistemleri ve Yönetimi	Liman Operasyonları 4 (Konteyner)	Denizcilik Ekonomisi	
	Lojistik Bilgi Sistemleri	Denizcilik İngilizcesi	Charter Sözleşmeleri		Limancılık Ekonomisi	
	Hukuk temelli dersler	Sigortacılık	Deniz Ulaştırma Operasyonları ve Dökümantasyon			
	Deniz ve Çevre Koruma	İş Güvenliği, Çevre ve Kalite Sistemleri	Gümrük Mevzuatı			
	Denizde Güvenlik	Gümrük Mevzuatı	Deniz İşletmelerinde Kalite Yönetimi			
	İş sağlığı ve güvenliği	Meteoroloji				
	Temel İlk Yardım					
	Sahil Şeridi ve Çevrenin Yönetimi					
	Tehlikeli Maddeler Lojistiği					
	Deniz İşletmelerinde Kalite Yönetimi					
	Gemiciliğin Temelleri					

Denizcilik Tarihi ve Kültürü dersinin içeriğinde limanların da tarihsel gelişimi incelenmelidir. Hukuk temelli dersler de temel hukuk, deniz ticaret hukuku, denizcilik hukuku, iş hukuku dersleri olmalıdır. Denizcilik İngilizcesi kapsamlı olarak en az iki dönem okutulmalıdır. Hizmet Pazarlaması ve Müşteri Hizmetleri dersi, acente vs. gibi diğer işletmeleri de kapsayabilir ancak hizmet pazarlaması olarak özelleşmeli ve limanlarda ayrı bir ünite olarak işlenmelidir. Ayrıca bu dersin kapsamına kalite konuları da eklenmelidir.

5.6.2 Önlisans Programları Model Önerisi

Önlisans programı için önerilen derslerin bir kısmı lisans programındakiler ile aynı olmakla birlikte, önlisans programlarında kredisi biraz daha düşük ve kapsamı değiştirilmelidir. Örneğin liman operasyonları konuları önlisans programında birleştirilmiştir. Bu minvalde önlisans programında bu fonksiyonların maliyet hesaplamalarının işlenmesine gerek olmamaktadır. Ayrıca finansman ve detaylı hukuk dersleri de önlisans programları için gerek görülmemiştir.

Tablo 5.6.2.1

Limanlara Personel Yetiştirmeyi Amaçlayan Önlisans Programları İçin Mevcut Ve Önerilen Dersler

LİMANLARA PERSONEL YETİŞTİRMEYİ AMAÇLAYAN ÖNLİSANS PROGRAMLARI İÇİN MEVCUT VE ÖNERİLEN DERSLER						
ZORUNLU DERSLER	LİMAN İŞLETME LİMAN İŞLETME FONSİYONU İŞ GÜVENLİĞİ ÇEVRE VE KALİTE FONKSİYONI		OPERASYONEL DERSLER LİMAN PLANLAMA, RAPORLAMA VE DOKÜMANTASYON FONSİYONU KONTEYNER OPERASYON FONKSİYONU GENEL KARGO VE DÖKME YÜK OPERASYONLARI FONKSİYONU RORO OPERASYON FONKSİYONU İŞ MAKİNELERİ YÖNETİMİ FONKSİYONU SIVI YÜK OPERASYONLARI FONSİYONU		TİCARİ DERSLER SATIŞ VE MÜŞTERİ İLİŞKİLERİ FONKSİYONU	
MEVCUT DERSLER	MEVCUT DERSLER	ÖNERİLEN DERSLER	MEVCUT DERSLER	ÖNERİLEN DERSLER	MEVCUT DERSLER	ÖNERİLEN DERSLER
Atatürk İlkeleri ve İnkılap Tarihi	Liman İşletmeciliği ve Yönetimi	Lojistik ve Deniz Taşımacılığı	Genel Kargo Operasyon	Liman Operasyonları 1 (Dokümantasyon, Sıvı Yük, Roro, İş Makineleri)	Deniz İşletmelerinde Pazarlama Yönetimi	Müşteri Hizmetleri ve Hizmet Tahakkuku
Türk Dili ve Edebiyatı	Denizcilik Terminolojisi	Deniz ve Liman İşletmeciliğine Giriş	Yük İşlemleri ve Gemi Stabilitesi	Liman Operasyonları 2 (Genel Kargo ve Dökme Yük, Konteyner)	Deniz İşletmeciliğinde Finansal Yönetim	
Yabancı Dil	Denizcilikte insan kaynakları yönetimi	Hukuk temelli dersler	Konteyner Operasyon			
	Dünya Denizcilik Tarihi	Denizcilik İngilizcesi	Antrepo Rejimi			
	Gemi ve Liman Bilgisi	İş Güvenliği, Çevre ve Kalite Sistemleri	Gemi Kiralama ve Brokerlik			
	Denizde Güvenlik		Deniz Meteorolojisi			
	Temel İlk Yardım		Deniz Mevzuatı ve Gümrük İdaresi			
	Tehlikeli madde taşımacılığı		Deniz Ulaştırma Operasyonları ve Dökümantasyon			
	iş güvenliği ve işçi sağlığı		Dosyalama ve Arşivleme			
			Planlama			

Önlisans programında hukuk temelli dersler olarak sadece temel hukuk dersi yeterli olacaktır. Denizcilik İngilizcesi dersi ise lisans bölümündeki gibi 2 dönem okutulmasında daha iyi olacaktır. Lisans programından farklı olarak önlisans eğitiminde operasyonel dersler birleştirilmiştir ve ticari dersler azaltılmıştır.

SONUÇ VE ÖNERİLER

Yapılan görüşme sonuçlarının yüzde oranlarına göre liman profesyonellerinin %60'sı önlisans programlarının, %38'i lisans programlarının yeterli olduğuna katılmadıklarını beyan etmişlerdir. Aynı katılımcıların %10'ü önlisans ve %5'i lisans programlarının yeterliliklerine kesinlikle katılmadığını beyan etmiştir. Yapılan bütün görüşmelerde önlisans ve lisans programlarının yeterliliğine kesinlikle katılan bulunmamakla birlikte, katılıyorum olarak cevaplayan katılımcı yüzdesi önlisansta %8 lisansta ise %25'dir. Ayrıca yeni mezun olan çalışanın bilgi seviyesinin yeterli olduğu sorusuna %63'u katılmadığını belirtmiştir.

Bu sonuçlar genel olarak ülkemizdeki özellikle önlisans düzeyindeki eğitimin sektör profesyonelleri açısından yetersiz olduğunu veya algılandığını göstermektedir. Bu kapsamda üniversitelerin sektör ile buluşarak ihtiyaçların karşılanması açısında bir gözden geçirme yapmaları gerekmektedir. Bununla birlikte sektör lokomotiflerinin de üniversitelere gereken desteği vermesi, mezun olacak öğrencilerin ileride sektörü ileriye taşıyacak olan bireyler olduğunun farkına varması gerekmektedir. Zira aynı liman profesyonellerinden oluşan görüşmecilerin %92'si limanlarda etkinlik ve verimliliğe insan kaynaklarının önemi sorusuna kesinlikle katıldıklarını veya katıldıklarını; %97'si limanlar için kalifiye iş gücü bulmakta zorlanıyoruz sorusuna, kesinlikle katıldıklarını veya katıldıklarını; %97'si limanlarda çalışacak personelleri eğitmek zorunda kalıyor musunuz sorusuna, kesinlikle katıldıklarını veya katıldıklarını; %100'ü ise limanları başarıya ulaştıran kaynaklar arasında insan kaynaklarının önemine kesinlikle katıldıklarını veya katıldıklarını belirtmişlerdir.

Fonksiyon özelinde ise görüşme sonuçlarımızı içerik analizi yöntemine göre incelediğimizde aldığımız sonuçlar aşağıdaki gibidir;

- İlgili bölümlerden yeni mezun olan bir çalışanın GENEL KARGO VE DÖKME YÜK OPERASYONLARI bilgisinin yeterli olduğunu düşünüyor musunuz?

  Kesinlikle Katılıyorum % 0

Katılıyorum %5

Karasızım %23

Katılmıyorum %57

Kesinlikle Katılmıyorum %15

- İlgili bölümlerden yeni mezun olan bir çalışanın KONTEYNER OPERASYONLARI bilgisinin yeterli olduğunu düşünüyor musunuz?

Kesinlikle Katılıyorum %0

Katılıyorum %8

Karasızım %15

Katılmıyorum %72

Kesinlikle Katılmıyorum %5

- İlgili bölümlerden yeni mezun olan bir çalışanın RORO OPERASYONLARI bilgisinin yeterli olduğunu düşünüyor musunuz?

Kesinlikle Katılıyorum %0

Katılıyorum %3

Karasızım %30

Katılmıyorum %60

Kesinlikle Katılmıyorum %7

- İlgili bölümlerden yeni mezun olan bir çalışanın SIVI YÜK OPERASYONLARI bilgisinin yeterli olduğunu düşünüyor musunuz?

Kesinlikle Katılıyorum %0

Katılıyorum %3

Karasızım %20

Katılmıyorum %65

Kesinlikle Katılmıyorum %12

- İlgili bölümlerden yeni mezun olan bir çalışanın PLANLAMA VE GÜMRÜK MEVZUATI bilgisinin yeterli olduğunu düşünüyor musunuz?

Kesinlikle Katılıyorum %0

Katılıyorum %0

Karasızım %13

Katılmıyorum %70

Kesinlikle Katılmıyorum %17

- İlgili bölümlerden yeni mezun olan bir çalışanın İŞ MAKİNELERİ OPERASYONLARI bilgisinin yeterli olduğunu düşünüyor musunuz?

  Kesinlikle Katılıyorum % 0

  Katılıyorum % 3

  Karasızım % 15

  Katılmıyorum % 62

  Kesinlikle Katılmıyorum % 20

- İlgili bölümlerden yeni mezun olan bir çalışanın İŞ GÜVENLİĞİ VE ÇEVRE bilgisinin yeterli olduğunu düşünüyor musunuz?

  Kesinlikle Katılıyorum % 0

  Katılıyorum % 17

  Karasızım % 13

  Katılmıyorum % 62

  Kesinlikle Katılmıyorum % 8

- İlgili bölümlerden yeni mezun olan bir çalışanın SATIŞ VE MÜŞTERİ HİZMETLERİ bilgisinin yeterli olduğunu düşünüyor musunuz?

  Kesinlikle Katılıyorum % 0

  Katılıyorum % 10

  Karasızım % 30

  Katılmıyorum % 50

  Kesinlikle Katılmıyorum % 10

Yukarıdaki fonksiyonlar özelindeki sonuçlara bakıldığında en başta sıvı yük olmak üzere tüm operasyonel ve iş güvenliği ile ilgili bölümlerde yeni mezun çalışanların bilgi düzeyinin sektör tarafından düşük olduğu algısı gözlemlenmektedir. Satış ve müşteri hizmetlerinde ise operasyonel bölümlere nazaran bu düşünce bir miktar daha düşüktür. Sektör ile bağlantılı operasyonel konularda tecrübesi olan öğretim görevlileri ile bu eksikliğin kapatılabileceği veya özel sektör, üniversite işbirliği ile operasyon tecrübesi olan sektör çalışanları üniversitelere katı sağlayabilir. Uludağ Üniversitesi, Asım Kocabıyık M.Y.O. ve Borusan Lojistik Gemlik Liman İşletmeleri arasında yapılan üniversite sanayi işbirliği yukarıda bahsedilmiş olunan kurguya bir örnektir (Tacer & Değirmenci, 2013)

Yapmış olduğumuz gözlemler ve incelemeler, limancılık ile ilgili üniversitelerde bulunan bölümlerde öğretim görevlisi eksikliği de olduğu yönündedir. Bu sebeple ihtiyaca göre hazırlanması gereken müfredatlar mevcut öğretim görevlilerine göre şekillendirilmektedir. Bununla birlikte limancılık ve denizciliğin toplum içerisinde rağbet görmemesi ve az bilinmesi seçim yapacak öğrencilerin tercihleri arasında ilgili bölümleri son sıralara düşürmektedir. Öğretim görevlilerinin yeterliliği ve öğrencilerin tercihleri öncelikleri müteakip araştırmaların konusu olabilir.

KAYNAKLAR

[1] Ağca, E. O., Köseoğlu, A. M., (2013), "*Limancılık Eğitimlerinin Liman Geliştirmeye Etkisi ve Sektörün Eğitim İhtiyaçları*", I. Ulusal Limancılık Kongresi, İzmir, 11

[2] Akten, N., Albayrak, M., (1988); *"Deniz Taşımacılığı Kılavuzu*", Ekim Matbaacılık, İstanbul, 107

[3] Akten, N., (1992), *"Liman Planlaması: Liman Üniteleriyle Kapasite Arasındaki İlişki ve Elleçleme Maliyetinin Hesaplanması*", 20-23

[4] Alderton, M. P., (1995), "*Sea Transportation: Operation and Economics"*, Thomas Reed Publications, London, 21

[5] Altunçubuk, F., (2000), "*Liman İdare ve İşletmesi"*, Deniz Ticaret Odası Yayınları, İstanbul, 9

[6] Branch, A. E., (1986), *Elements of Port Operation and Manangemet*; Chapman and Hall, London, 1-2

[7] Büyüköztürk, Ş., Kılıç Çakmak, E., Akgün, E., Karadeniz, Ş., Demirel, F., (2012), *"Bilimsel Araştırma Yöntemleri*", Pegem Akademi, Ankara, 159-161

[8] Çağlar, D. V., (2012), *"Türk Özel Limanlarının Etkinlik ve Verimlilik Analizi*", Dokuz Eylül Üniversitesi Yayınları, İzmir, 3, 23, 158

[9] Çetin, Ç. K., (2012), *"Limanlarda Örgütsel Değişim ve Değer Zinciri Sistemlerinde Etkinlik Analizi*", Dokuz Eylül Üniversitesi Yayınları, İzmir, 115, 226, 414, 428

[10] Ereş, F., (2007), *Eğitimin Bilimine Giriş. (S. Uygun, Eğitimin Tarihsel Temelleri),* Ankara, Maya Akademi Yayınları, 153

[11] Esmer S., Oral, E.Z., (2012), *"Türk Limancılık Sekteör Raporu*", Türk Limancılar Derneği, Dokuz Eylül Üniversitesi, İstanbul, 96-99

[12] Esmer, S., (2010), "*Konteyner Terminallerinde Lojistik Süreçlerin Optimizasyonu ve Bir Simülasyon Modeli"*, Dokuz Eylül Yayınları, İzmir, 3-5

[13] Esmer, S., (2011), "*Liman İşletmelerinde Hizmet Pazarlaması"*, Detay Yayıncılık, Ankara, 34, 38, 117

[14] Karahan, K., (2006), "*Hizmet Pazarlaması"*, Beta Yayınları, İstanbul, 31-32

[15] Keskin, M.H., (2006), "*Lojistik (Tedarik Zinciri Yönetimi)"*, Nobel Yayın Dağıtım, İstanbul, 3-7

[16] Kohler, H. (1986), "*Intermediate Microeconomics",* Scot, Foresman Co., Londra, 121

[17] Öztürk, S. A. (1998), *"Hizmet Pazarlaması*", Anadolu Üniversitesi Yayınları, Eskişehir, 84

[18] Schiesinger, L., Haskett, J., (1991), "*The Service"*, Harward Business Review, Boston, 72

[19] Tacer, E. M., Değirmenci, U., (2013), "*Üniversite Sanayi İşbirliği İle Deniz ve Liman İşletmecilliği Programı Eğitiminin Geliştirilmesi*" I. Ulusal Limancılık Kongresi, İzmir, 1

[20] UDHB, (2013), "*11. Ulaştırma Denizcilik ve Haberleşme Şurası, Denizcilik Çalışma Grubu Raporu*", UDHB, Ankara, 96-99

[21] UNTCTAD, (2009), "*Review of Maritime Transport*", Unitad Nations, New York-Cenova, 13

[22] WEB_1, (2013), Türk Dil Kurumu, Büyük Türkçe Sözlük, http://www.tdk.gov.tr/index.php?option=com_bts&arama=kelime&guid=TDK.G TS.52ac72d3e528b6.47321209 , 14/12/2013

[23] WEB_2, (2013), Cenk Hoca, http://www.cenkhoca.org/kaynakvealistirmalar/oyt/temel_kavram_ve_ilkeler.pdf, 14/12/2013

[24] WEB_3, (2013), İstanbul Üniversitesi, Deniz Ulaştırma İşletme Mühendisliği: http://www.istanbul.edu.tr/eng/duim/bolum.html, 14/12/2014

[25] WEB_4, (2013), Dokuz Eylül Üniversitesi, Denizcilik Fakültesi, http://www.deu.edu.tr/DEUWeb/Icerik/Icerik.php?KOD=4483, 14/12/2013

[26] WEB_5, (2013), Dokuz Eylül Üniversitesi, Denizcilik İşletmeleri Yönetimi, http://www.deu.edu.tr/DEUWeb/Icerik/Icerik.php?KOD=17121, 14/12/2013

[27] WEB_6, (2013), Kocaeli Üniversitesi, Deniz İşletmeleri Yönetimi, http://barbarosdyo.kocaeli.edu.tr/denizisletme.html, 14/12/2013

[28] WEB_7, (2013), Bülent Ecevit Üniversitesi, Denizcilik İşletmeleri Yönetimi, http://denizcilik.beun.edu.tr/?page_id=1724, 14/12/2013

[29] WEB_8, (2013), Kocaeli Üniversitesi. 12 15, 2013 Denizcilik İşletmeleri Yönetimi: http://barbarosdyo.kocaeli.edu.tr/2012-2013ders%20icerik.pdf

[30] WEB_9. (2013), Bülent Ecevit Üniversitesi, Denizcilik İşletmeleri Yönetimi, http://diyyo.beun.edu.tr/wp-content/uploads/2013/02/ders_icerikleri_2013.pdf, 15/12/2013

[31] WEB_10, (2013), Dokuz Eylül Üniversitesi, Denizcilik işletmeleri Yönetimi, http://www.deu.edu.tr/DEUWeb/Icerik/Icerik.php?KOD=802, 15/12/2013

[32] WEB_11, (2013), İstanbul Üniversitesi, Deniz Ulaştırma İşletme Mühendisliği, http://egitimdeyapilanma.istanbul.edu.tr/mufredat.php?id=51&ref= , 15/12/2013

[33] WEB_12, (2013), Akdeniz Üniversitesi, Deniz ve Liman İşletmeciliği, http://finike.akdeniz.edu.tr/deniz-ve-liman-isletmeciligi, 15/12/2013

[34] WEB_13, (2013), Beykoz Lojistik Meslek Yüksekokulu, Deniz ve Liman İşletmeciliği, http://www.beykoz.edu.tr/tr/content/deniz-ve-liman-isletmeciligi, 16/12/2013

[35] WEB_14, (2013), Çanakkale Onsekiz Mart Üniversitesi, Deniz ve Liman İşletmeciliği, http://gelibolu.comu.edu.tr/liman1.php, 16/12/2013

[36] WEB_15, (2013), Kastamonu Üniversitesi, Deniz ve Liman İşletmeciliği, http://inebolu.kastamonu.edu.tr/index.php/tr/bolumler/anamenu-bolumler-ulastirmahizmetleri-tr/anamenu-bolumler-ulastirmahizmetleri-denizlimanisl-tr, 16/12/2013

[37] WEB_16, (2013), Kocaeli Üniversitesi, Deniz ve Liman İşletmeciliği, http://karamursel.kocaeli.edu.tr/dl.html, 16/12/2013

[38] WEB_17, (2013), Mersin Üniversitesi, Deniz ve Liman İşletmeciliği, http://www.mersin.edu.tr/akademikb/denizcilik-meslek-yuksekokulu/deniz-ve-liman-isletmeciligi-programi, 16/12/2013

[39] WEB_18, (2013), Okan Üniversitesi, Deniz ve Liman İşletmeciliği, http://myo.okan.edu.tr/sayfa/deniz-ve-liman-isletmeciligi, 16/12/2013
[40] WEB_19, (2013), Piri Reis Üniversitesi, Deniz ve Liman İşletmeciliği, http://www.pirireis.edu.tr/egitim/denizicilik-meslek-yuksekokulu/12816-2, 16/12/2013
[41] WEB_20, (2013), Sinop Üniversitesi, Deniz ve Liman İşletmeciliği, http://www.sinop.edu.tr/akademikbirimler/yuksekokullar/gerze_myo/liman/default.asp, 16/12/2013
[42] WEB_21, (2013), Uludağ Üniversitesi, http://gemlik.uludag.edu.tr/?p=58 , 16/12/2013
[43] WEB_22, (2013), Yalova Üniversitesi, Deniz ve Liman İşletmeciliği, http://www.yalova.edu.tr/icerik/2120/2120/program-hakkinda.aspx, 16/12/2013
[44] WEB_23, (2013), Yaşar Üniversitesi, Deniz ve Liman İşletmeciliği, http://myo.yasar.edu.tr/ornek-sayfa/deniz-ve-liman-isletmeciligi-programi/, 16/12/2013
[45] WEB_24, (2014), Yalova Üniversitesi, Deniz ve Liman İşletmeciliği Programı, http://www.yalova.edu.tr/icerik/2122/2122/ders-icerikleri.aspx, 01/01/2014
[46] WEB_25, (2014), Yaşar Üniversitesi, Deniz ve Liman İşletmeciliği, http://myo.yasar.edu.tr/ornek-sayfa/deniz-ve-liman-isletmeciligi-programi/, 01/01/2014
[47] WEB_26, (2014), Uludağ Üniversitesi, Deniz ve Liman İşletmeciliği, http://www.uludag.edu.tr/Bologna/dereceler/dt/21/dl/tr/b/5/p/1057#mufredat, 01/01/2014
[48] WEB_27, (2014), Denizhaber, http://www.denizhaber.com/HABER/13397/4/denizhaber-denizcilik-deniz-haber-turk-denizciligi-bosporus-turk-bogazlari-istanbul-bogazi-canakkale-bogazi-dto-turkish-maritime-pilotage-marine-environment-deniz-kirliligi-balikcilik.html, 06/02/2014
[49] WEB_28, (2013), Türkiye İhracatçılar Meclisi, http://www.tim.org.tr/tr/ihracat-ihracat-rakamlari-tablolar.html, 07/02/2013
[50] WEB_29, (2013), Deniz Haber, http://www.denizhaber.com.tr/guncel/42409/feribot-tekirdag-vapur-ali-markal-deniz-liman-bandirma-denizhaberajansi.html, 08/02/2013
[51] WEB_30, (2013), Sosyal Güvenlik Kurumu, http://www.sgk.gov.tr/wps/portal/tr/kurumsal/istatistikler/sgk_istatistik_yilliklari/!ut/p/b1/hdJHdqNAEIDhs-gAmCY2LEmCBoTUIOKGB0gEE5VA4vSj8XhrT-_qvb82XzWZkBGZDNncVNm9GYes-zsnfKpTui7KlAQEDwCAKJoNgIcpXWXfQfxzgFjwv_2QjNyYF9VxV21RUE6Y39fo7pe3rM9FmV6KsBqvQG5cr, 08/02/2013
[52] Yücel, C., (1997), *"Limanda verimliliği artırmaya yönelik uygulamalarla limanların yönetimi", Yüksek Lisans Tezi, İstanbul Üniversitesi Sosyal Bilimler Enstitüsü, İstanbul, 45*

EKLER

EK A TÜRKİYEDEKİ LİMANCILI EĞİTİMLERİ İLE İLGİLİ GÖRÜŞME SORULARI

TÜRKİYEDEKİ LİMANCILIK EĞİTİMLERİ İLE İLGİLİ GÖRÜŞME SORULARI

Değerli katılımcılar,

Bu görüşmemiz Okan Üniversitesi, Uluslararası Lojistik Bölümü, Öğretim Üyesi Yrd. Doç. Dr. Ahmet Murat KÖSEOĞLU danışmanlığında Okan Üniversitesi, Lojistik Yönetimi Yüksek Lisans Öğrencisi Enes Oğuzhan AĞCA tarafından yürütülen **"Türkiye'deki Limancılık Eğitimlerinin Sektör İhtiyaçlarını Karşılayabilirliği ve Bir Model Önerisi"** başlıklı yüksek lisans tezi kapsamında hazırlanmıştır.

Araştırma kapsamında elde edilecek bilgiler sadece bilimsel araştırma kapsamında kullanılacaktır tercih edilmemesi halinde kişisel ve firma bilgileri gizli tutulacaktır. Limancılığımızın gelişmesine katı sağlayacağını düşündüğümüz bu çalışmaya vermiş olduğunuz destek için teşekkür ederiz.

Formu Dolduran :	**Tarih :**
Adı / Soyadı	
Firma	
Pozisyon	
E-mail	-
Telefon	
Bilgilerinizin gizli kalmasını mı istersiniz?	☐

SORULAR	**DEĞERLENDİRME**				
	Kesinlikle Katılıyorum	**Katılıyorum**	**Karasızım**	**Katılmıyorum**	**Kesinlikle Katılmıyorum**
Ülkemizdeki **önlisans** düzeyindeki limancılık eğitimlerini yeterli buluyor musunuz?					

Ülkemizdeki **lisans** düzeyindeki limancılık eğitimlerini yeterli buluyor musunuz?					
Limanlarda etkinlik ve verimliliğe insan kaynaklarının etkisi var mıdır?					
Limanlar için kalifiye iş gücü bulmakta zorlanıyor musunuz?					
Limanlarda çalışanların müşteri memnuniyeti üzerine etkisi var mıdır?					
Limanlarda çalışacak olan personellere işletme olarak eğitmek zorunda kalıyor musunuz?					
Son yıllarda limancılık eğitimlerinin kalitesinin arttığını düşünüyor musunuz?					
Limanları başarıya ulaştıran kaynaklar arasından insan kaynakları önemli midir?					
İlgili bölümlerden yeni mezun olan bir çalışanın genel limancılık bilgisinin yeterli olduğunu düşünüyor musunuz?					
İlgili bölümlerden yeni mezun olan bir çalışanın GENEL KARGO VE DÖKME YÜK OPERASYONLARI bilgisinin yeterli olduğunu düşünüyor musunuz?					
İlgili bölümlerden yeni mezun olan bir çalışanın KONTEYNER OPERASYONLARI bilgisinin yeterli olduğunu düşünüyor musunuz?					
İlgili bölümlerden yeni mezun olan bir çalışanın RORO OPERASYONLARI bilgisinin yeterli olduğunu düşünüyor musunuz?					
İlgili bölümlerden yeni mezun olan bir çalışanın SIVI YÜK OPERASYONLARI bilgisinin yeterli olduğunu düşünüyor musunuz?					
İlgili bölümlerden yeni mezun olan bir çalışanın PLANLAMA VE GÜMRÜK MEVZUATI bilgisinin yeterli olduğunu düşünüyor musunuz?					

İlgili bölümlerden yeni mezun olan bir çalışanın İŞ MAKİNELERİ OPERASYONLARI bilgisinin yeterli olduğunu düşünüyor musunuz?				
İlgili bölümlerden yeni mezun olan bir çalışanın İŞ GÜVENLİĞİ VE ÇEVRE bilgisinin yeterli olduğunu düşünüyor musunuz?				
İlgili bölümlerden yeni mezun olan bir çalışanın SATIŞ VE MÜŞTERİ HİZMETLERİ bilgisinin yeterli olduğunu düşünüyor musunuz?				

Belirtmek istediğiniz diğer öneri ve düşünceleriniz nelerdir?

ÖZGEÇMİŞ

09.05.1982 yılında Hatay'da doğdu. İlk, orta ve lise eğitimini Bursa'da tamamladı. Üniversiteyi İstanbul'da İstanbul Üniversitesi Mühendislik Fakültesi Deniz Ulaştırma İşletme Mühendisliği bölümünde bitirdi. Askerlik görevini 2005 yılında Antalya İl Jandarma Komutanlığı, Alanya Merkez Karakolu'nda tamamladı. Daha sonra iş hayatına atılan Enes Oğuzhan AĞCA Gemport, Roda Limanı, Borusan Lojistik ve ardından Çolakoğlu Metalurji'de çalışmaya başladı. İş hayatına paralel olarak Uludağ Üniversitesi Asım Kocabıyık Meslek Yüksek Okulunda "Liman İşletmeleri ve Yönetimi" dersini vermiştir. Evli ve bir çocuk babası olan Enes Oğuzhan AĞCA Okan Üniversitesi Sosyal Bilimler Enstitüsü İşletme Anabilim Dalı "Lojistik Yönetimi" programında tezli yüksek lisansını tamamlamıştır ve Çolakoğlu Metalurji'de Lojistik Müdürü olarak görevini sürdürmektedir. 1-2 Kasım 2013 tarihinde gerçekleşen I. Ulusal Limancılık Kongresinde Yrd. Doç. Dr. Ahmet Murat KÖSEOĞLU ile "Limancılık Eğitimlerinin Liman Geliştirmeye Etkisi ve Sektörün Eğitim İhtiyaçları" isimli bir bildirisi bulunmaktadır.

FSC
www.fsc.org
MIX
Papier | Fördert
gute Waldnutzung
FSC® C083411

Kolibri 360 GmbH
Ferdinand-Jühlke-Straße 7
99095 Erfurt, Deutschland
produktsicherheit@kolibri360.de

Druck:
CPI Druckdienstleistungen GmbH
im Auftrag der
Kolibri 360 GmbH
Ferdinand-Jühlke-Str. 7
99095 Erfurt